Christoph Sonntag

AZNZ

W0171830

Christoph Sonntag

AZ NZ

Alte Zeiten – Neue Zeiten

Damals war heute noch Zukunft

Mit Zeichnungen von Thomas Kraut

Silberburg-Verlag

Christoph Sonntag
geboren 1962 in Waiblingen (Rems-Murr-Kreis),
ist Journalist, gelernter Schauspieler und hat in
München und Berlin Landschaftsplanung studiert.
Seit 1989 steht er professionell auf der Kabarett-
bühne; mit weit mehr als hundert Vorstellungen
pro Jahr zählt er zu den bekanntesten Kabarettisten
Deutschlands.
Ein großer Fankreis verfolgt täglich seine bislang
fast zweitausend Radioglossen und Comedy-/
Comix-Episoden auf SWR3. Man kennt Christoph
Sonntag ebenso von zahlreichen Fernsehauftritten
sowie von Videos, CDs, DVDs und Büchern –
AZNZ ist sein elftes.
Mit seiner »Stiphtung Christoph Sonntag« fördert
der engagierte Stuttgarter Künstler Natur- und
Umweltschutzprojekte. Zusammen mit dem Süd-
westrundfunk veranstaltet die Stiphtung jedes Jahr
das SWR3 Seefest.

Weitere Infos:
Zum Kabarettisten: www.sonntag.tv
Zur Stiphtung: www.umwelt-engagement.de
Zum Seefest: www.swr3-seefest.de

1. Auflage 2011

© Copyright 2011 by
Silberburg-Verlag GmbH,
Schönbuchstraße 48, D-72074 Tübingen.
Alle Rechte vorbehalten.
Layoutelemente auf dem Umschlag: SWR,
SWR3 Club sowie Agentur Ars Cordis, Stuttgart.
Foto auf dem Umschlag: Maks Richter, Stuttgart.
Zeichnungen auf dem Umschlag:
Thomas Kraut, Stuttgart.
Druck: Gulde-Druck, Tübingen.
Printed in Germany.

ISBN 978-3-8425-1133-0

Besuchen Sie uns im Internet
und entdecken Sie die Vielfalt
unseres Verlagsprogramms:
www.silberburg.de

Für Elisabeth
(NZ)

Inhalt

Alles zur rechten Zeit

Sisch nemme dehs!, hat meine Oma Hermine immer geseufzt. In einem Tonfall wie: Die Welt geht sowieso unter – wollt ihr wirklich vorher noch Kaffee trinken?

Entschwäbelt bedeutet das: Es ist alles nicht mehr so, wie es war. Soll heißen: Früher war halt alles besser.

Stimmt das? War früher wirklich alles besser?

Jedenfalls war alles anders. Vieles von dem, was damals »anders« war, kuschelt man sich inzwischen gedanklich als »schöner« zurecht, weil es einem fehlt. Aber ob es objektiv besser war, lässt sich nach so langen Zeiten subjektiv nicht mehr sagen. Objektiv auch nicht.

Ob damals alles besser war, sollten wir unsere Kinder fragen, die auf unsere Jugendzeit genau so fragend und mit Unverständnis schauen wie wir Erwachsenen auf die jetzige junge Generation.

Wenn sich die Jugend von heute dann »morgen« an »gestern« erinnert, werden deren Kinder sie fragen, ob es den Menschen »vorgestern« besser ging, wenn sie von »heute« sprechen. Wie werden sich unsere Nachfahren an heutzutage erinnern? Und was können wir, die wir »gestern« aufgewachsen sind, unseren Kindern und Enkeln erzählen?

Wir können nur das Heute mit dem Gestern vergleichen und die Unterschiede beschreiben. Ob es früher allgemein besser war, ist eine Frage, die nicht in die Einzelheiten geht. Ungeklärt bleibt, ob der Teufel, der ja bekanntlich im Detail steckt, früher in der Telefonzelle saß oder ob er heute im Handy hängt. Ob er früher in der Rostbratwurst brutzelte oder heute in Sushi eingerollt ist.

Doch wenn früher tatsächlich alles besser gewesen sein soll, warum möchten dann nur wenige so leben wie in den fünfziger oder sechziger Jahren? Könnte es sein, dass wir heute etwas besser finden, das wir nicht um alles in der Welt wiederhaben möchten?

Auf jeden Fall war es früher ganz anders als heute, und morgen sieht alles wieder ganz, ganz anders aus.

Und übermorgen – ach was, das ist doch erst übermorgen!

Bei alldem dürfen wir niemals vergessen, was wir im Radio jeden Tag hören:

Damals war heute noch Zukunft!

Kinder ihrer Zeit

Früher wurden Kinder als sichtbares Zeichen für den familiären Erfolg (zumeist des Vaters) billigend in Kauf genommen. Und genauso haben wir uns auch gefühlt. Wie geduldete Schädlinge, die möglichst alles richtig machen sollten, aber meistens keine Ahnung hatten, was das Richtige war. Man hat wenig mit uns gesprochen, aber viel von uns erwartet. Der Maßstab, an dem wir sehen konnten, ob ein Verhalten richtig oder falsch war, hiess EO – KO: Eine Ohrfeige – Keine Ohrfeige. Über Schmerzen in der linken oder rechten Backe wurden wir auf richtiges Verhalten hin konditioniert. Nach so einem erzieherischen Hinweis hat man automatisch damit aufgehört, in der Nase zu bohren und das zutage Geförderte zu verspeisen. Oder – was mir als Fünfjährigem mal gelungen ist – Papas Mutter zu sagen, sie habe ein Gesicht wie ein Faltenrock.

Heute sind Kinder die bestbehüteten Wesen der Welt. Mal abgesehen von blinden Mauerseglern, die schwerverletzt am Fuße eines Kirchturms gefunden werden, und von seltenen Stumpfnasenfledermäusen, denen beim täglichen Abhängen die Füße einschlafen, die deswegen auf die Schnauze fallen und dann in einer Tierklinik für gefallene Arten wieder gesund gepflegt werden, überwacht von einer täglichen Live-Doku bei RTL II.

Kinder werden heute von den Eltern überallhin gebracht – ins Bettchen, in den Hort, in die Schule. Wenn

Sven Torben-Ole mit seinem besten Freund Levin-Robin (Nachnamen Lämmle und Kleinknecht) weiterspielen will, warten die Eltern geduldig, bis er fertig ist und zum nächsten Event gefahren werden kann.

Heute werden schon für Einjährige Kita- oder Krippenplätze gesucht. Die Suche startet in der Regel gleich nach der Regel vorbeugend mit jedem Eisprung und man meldet sich vorsorglich bei 123 Kitaplätzen an. Findige Stuttgarter Kitabetreiber haben dem einen effektiven Riegel vorgeschoben, der nur in schwäbischen Gefilden so effektiv funktionieren kann: Die Anmeldung wird erst wirksam und man kommt nur dann auf den Warteplatz, wenn man eine Anmeldegebühr von 320 Euro überweist, die verfällt, wenn man später den Platz nicht will. Das wirkt!

Dabei ist es für manche Eltern ein Problem, ihr Kind schon so früh wegzugeben. Man will heute seine Freiheit haben, aber auch ein Kind – und am liebsten beides zusammen. »Entschuldigung, ich hätte gerne ein Kind, das hübsch aussieht, aber nicht tropft, nicht nervt, nachts schläft und nicht in die Windeln macht – wo kriege ich sowas?«

Andererseits gab es den bekanntesten Krippenplatz schon vor rund zweitausend Jahren. Der befand sich sogar in einem Stall, und zwar ohne desinfizierte sanitäre Einrichtungen und Isolierglasfenster. Spielzeuge und Geschenke, denen allesamt ein pädagogisches Prüfsiegel fehlte, brachten drei Muslime aus dem Morgenland, die ihrer Zeit 600 Jahre voraus waren und die heute bei uns ohne Asylantrag und langwierige Verfahren gar nicht mehr in Stallnähe kämen! Die guckten in die Luft und entdeckten dabei einen Stern mit Schweif. Da gehen wir hin, sagten sie, liefen los (ohne

Navi oder Google Street View) und kamen zu einer Krippe im sozial schwach strukturierten Teil von Bethlehem. Dort halfen sie dann dem christlichen Glauben auf die Sprünge. Nach den aktuellen Unruhen in der arabischen Welt wäre dies heute alles nicht mehr ohne UN-Blauhelm-Schutztruppe möglich.

Und die Nachricht: »Bei seiner Geburt waren Ochsen und Esel anwesend!« würde heute mehrere Beleidigungsklagen nach sich ziehen und sowohl Tierschutz als auch Kinderschutzbund auf den Plan rufen. Früher war die private Tierhaltung etwas ganz Normales, wobei sie, zugegeben, nur einmal im Kreißsaal stattfand – bei Jesus.

▶ **Früher gab's noch eine anständige Viehhaltung**

Die Kühe standen auf der Alm auf der Weide und haben saftiges Gras und frische Wiesenkräuter gefressen. Heut stehn die Kühe stattdessen im offenen Stall – damit sie auch sehen können, was sie verpassen. Statt Weide nur Augenweide.

Früher haben Kühe zur ländlichen Idylle dazugehört. Heute dürfen sie nur aus dem Stall raus, wenn sie sich vorher lila anstreichen lassen.

Gefüttert werden sie mit Kraftfutter aus recycelten Schlachtabfällen, in die man die gemahlenen Überreste ihrer verstorbenen Verwandten untergemischt hat. Da vergeht selbst der coolsten Kuh das Wiederkäuen!

Früher gab's auf dem Bauernhof auch noch Melkerinnen und Melker. Das war ein richtiger Beruf! Der Melker hat des Euter zuerst mit Melkfett eingeschmiert, sich auf den Schemel gehockt und in zügigen, aber zärtlichen Bewegungen die Milch langsam aus den Eutern massiert. Da gab's noch eine richtige Mensch-Kuh-Beziehung! Heute wird den Kühen mittels computergesteuertem Melkroboter mit vollautomatischer Euterkoordinatenvermessung und rhythmischen Vakuumimpulsen jeder einzelne Milliliter aus den Zitzen gesaugt – bis sie ausschauen wie ein Luftballon, aus dem man die Luft rausgelassen hat. Und der Melker – arbeitet inzwischen ums Eck bei der Thai-Massage.

Kommt heute der kleine Liebling in die Schule und darf mal ein paar Meter alleine mit zwei Schulkameraden gehen, hat er für alle Fälle garantiert drei Handys in verschiedenen Taschen und einen GPS-Satellitenortungssystem-Chip in den Oberarm implantiert, so dass Mutti auf ihrem Smartphone beim Metzger, Friseur oder im Schuhladen die Bewegungsabläufe ihres Schoßkinds nachvollziehen kann.

Geimpft wird der Kleine nicht mehr. Zwar sterben nachweislich immer noch mehr ungeimpfte Kinder an den Folgen der Krankheiten, gegen die man sie nicht geimpft hat, als geimpfte Kinder an Impfschäden – aber im Kaleidoskop unserer irrationalen Ängste leuchtet das Impfen besonders hell. Wir haben mehr Angst, von gepulster Handystrahlung oder von unheimlichen Viren dahingerafft zu werden, die bisher nur im hintersten kongolesischen Buschland aufgetaucht sind, als am Rauchen und Saufen zu sterben. Letzteres betreiben wir deshalb so exzessiv, weil wir unsere Angst vor Viren und Handystrahlen unterdrücken müssen.

Die Nachteile, die das fehlende Impfen unserer Kinder mit sich bringt, kompensieren wir damit, dass

über den eingepflanzten Chip der Rettungshubschrau-
ber benachrichtigt wird, sobald Linus-Leander dreimal
hintereinander laut niest.

Wir sind früher allein zur Schule gegangen und unser GPS-Kontrollsystem war der Nachbar, der den Rasen
gemäht hat, die Verkäuferin im Zeitschriftenladen, bei
dem wir vom mickrigen Taschengeld Comics erstanden,
oder die Bäckerin, bei der wir eine Brezel kauften und
dabei Kaugummi klauten. Oder Mohrenköpfe.

▶ **Früher gab's noch echte Mohrenköpfe**

Wer heute einen Mohrenkopf kaufen möchte, kriegt eine
Tracht Prügel oder kommt sofort ins Gefängnis.

Heute musst du politisch korrekt nach einem Scho-
kokuss, Schaumzapfen, Schaumkuss, Süßpfropfen oder
Naschkuss fragen.

Früher gab es keinen Unterschied zwischen Mohrenkopf und Negerkuss. Der hat 10 Pfennig gekostet und war
ein schokoladeüberzogener Schaumpoller.

Dabei hätte man sich damals in der Pubertät nichts
lieber gewünscht als wenigstens einmal einen echten Negerkuss – aber bitte ...

Allerdings ist der Mohrenkopf nur aus dem Lebens-
mittelladen verschwunden. In den Allgäuer Alpen kann
man den 1645 Meter hohen Mohrenkopf besteigen und
dabei vielleicht den Speisepilz Mohrenkopfmilchling entdecken, im Tal grasen vielleicht stichelhaarige Pferde,
zu denen der Züchter auch Mohrenkopfschimmel sagt,
manche sammeln Mohrenkopfturmaline, Züchter kennen
die Taubenrasse »Altdeutscher Mohrenkopf« und es gibt

auch einen Schmetterling, der »Mohrenkopf« heißt. Und der stammt, halt dich fest: aus der Familie der Echten Sackträger!

Deshalb wünsch' ich allen politisch Korrekten einen guten Appetit bei Zigeunerschnitzel, Frankfurter, Wienerle, Tartar, Hamburger und zum Nachtisch einem Amerikaner.

So behütet und beaufsichtigt, wie die »Kids« von heute es sind, waren wir auf keinen Fall. Es geistern im Internet immer wieder schöne Aufsätze rum, die in der Regel so anfangen: »Wenn du in den sechziger oder siebziger Jahren geboren bist, müsstest du eigentlich heute schon tot sein!« Dann folgen Auflistungen, von denen jede einzelne ein Bild aufmacht:

Wir Kinder von früher haben uns auf der Straße die Knochen gebrochen und die Zähne ausgeschlagen. Niemand war schuld, das waren halt Unfälle. Es gab deshalb keinen Brief vom Rechtsanwalt, der deinen Vater wegen Verletzung der Aufsichtspflicht verklagt hätte. Es war halt so und gehörte zur Kindheit einfach dazu. Ein ausgeschlagener Schneidezahn wurde als Initiations-Ritual auf dem Weg zum Mann akzeptiert. Einer, der keinen ausgebrochenen Schneidezahn hatte, war den Nachbarjungs auf der Straße damals so dermaßen suspekt, dass man ihm kurzerhand mal eben zusammen einen Zahn ausgeschlagen hat. Danach war er stolz, dazuzugehören, durfte mitspielen und ab und zu sogar der »Bestimmer« sein.

Oder Spiele wie Fangen! Ganz beliebt bei uns war Griechisches Fangen, bei dem zwei Regenrohre als Basis dienten, an denen man gegnerische Gefangene festhalten konnte, bis sie wieder freigeklatscht wurden. Wenn dir beim Fangen-Spielen einer ein Bein gestellt

hat, dass du auf die Hauswand geknallt bist und ausgesehen hast wie ein Sprengmeister, der dreimal durch
die praktische Prüfung gerasselt ist, dann wurde damals
der andere ebenfalls nicht verklagt. Man wäre nie auf
die Idee gekommen, ja wusste nicht mal, dass so etwas
theoretisch denkbar gewesen wäre. Man bekam stattdessen daheim zu hören: »Hättsch halt besser aufpasst!
Nach dem Kracher reicht es vom Gesicht her zwar nicht
mehr zum Schauspieler, dann arbeitest du halt später
beim Volksfest – in der Geisterbahn.«

Wenn dich der Nachbar verhauen hat, hat sich dein
Vater bei Gelegenheit fürs Miterziehen bei ihm bedankt.

Wenn dich dein Lehrer nachweislich gemobbt und
vor den anderen in der Klasse bloßgestellt hat – gab es
keine Hilfe von zu Hause. Man hat es daheim lieber gar
nicht erzählt, weil das für deine Eltern bloß ein schlag-
kräftiger Beweis dafür gewesen wäre, dass du in der
Schule frech bist, was sie wiederum mit Hausarrest und
Fernsehverbot bestraft hätten.

Und von wegen Gesundheits- und Schadstoffschutz!
Alle Farben im Kinderzimmer (das man in der Regel
mit seinen Geschwistern teilen musste) enthielten Blei,
Cadmium und Quecksilber. Bei unserem Föhn waren die
Glühdrähte hinten schön sichtbar um zwei Asbestplatten herumgewickelt, damit es einem die krebserregen-
den Fasern auch ganz zuverlässig in beide Lungenflügel
runterblies. Und dieser Föhn hat alle halbe Jahre ohne
Vorankündigung einfach so einen etwa dreißig Zentimeter langen Feuerstrahl ausgespuckt. Darüber war damals
aber keiner entsetzt. Hat man deswegen den Hersteller
oder das Elektrohaus verklagt? Iwo! Nach so einer Dra-
chenfeuer-Föhn-Attacke haben die Eltern dich angeschaut und lapidar gesagt: »Also – uns gefällt's, so kurz!«

Die Schulhäuser waren üblicherweise mit den praktischen Asbest-Platten verschalt und der Gartenschuppen hatte ein asbesthaltiges Welldach.

Als wir in den frühen siebziger Jahren unser Haus gebaut haben, an dem das meiste selbst gemacht wurde – unter Einsatz der flexibel einsetzbaren Arbeitskraft der zahlreichen Kinder, die sich in Bauherrenbesitz befanden –, wurde die Aufgabe, außen an der Fassade Asbestplatten aufzunageln, an uns Kinder delegiert. Auch die mit polychlorierten Biphenylen angereicherte Holzlasur durften wir Kinder auf die Nut-und-Feder-Holzdecke aufstreichen. Als später deren Giftigkeit bekannt wurde, riet der Maler ums Eck, einfach nochmal Klarlack drüberzustreichen, dann sei die Gefahr zu hundert Prozent gebannt. Gut für ihn, denn er konnte 40 Liter Lack verkaufen. Gut für unseren Vater, denn wir Bengel waren eine Woche lang beschäftigt und konnten auf der Straße keinen Unsinn treiben.

So ein Haus war damals eine Balkenkonstruktion, die Zwischenräume wahlweise mit Ziegelsteinen oder mit Fenstern in Einfachverglasung ausgefüllt. Wie bereits erwähnt, kamen zum Brandschutz Asbestplatten drauf. Kann man sich heute nicht mehr vorstellen.

▶ **Früher gab's noch ganz normale Häuser**

Heute hat ein Haus Vierfach-Verglasung, so dass die Fenster besser isolieren als eine meterdicke, von der Oma handgestrickte Wolldecke. Es hat eine Bohrung im Garten, die bis runter bis in die Hölle reicht, um das Haus mit satanischer Abwärme zu heizen. Und eine Wärmepumpe, die die letzte Restenergie aus dem Zahnputz-wasser zieht.

Früher hatte man ein Haus. Auf dem Bauplätzle vom Opa hat man eine Betonplatte ausgegossen, dann hat der eine Nachbar Balken aufgestellt, der andere das Fachwerk mit Klinkersteinen ausgemauert und der Vater hat die Fenster gesetzt, die er eine Woche vorher vom Abbruchhaus der Volksbank mit dem Leiterwägele einzeln hergekarrt hat.

Wenn du früher beim Fahrradfahren nicht aufgepasst hast und auf so ein Haus geknallt bist, hattest du ein Loch im Kopf. Und ein Jahr später hat man dich vom Gymnasium nehmen müssen, weil es nach dem Unfall bloß noch zum Hilfsarbeiter in der Kläranlage gereicht hat.

Heute fängt dich das 45 Zentimeter dicke Styropor auf der Fassade butterweich auf. Du haust danach zwar ab, aber die Polizei identifiziert dich trotzdem, weil dein Gesicht im Styroporabdruck perfekt sichtbar bleibt.

Heute gehst du das ganze Jahr barfuß und im T-Shirt im Haus rum, weil das intelligente Klimasystem in jedem Kubikzentimeter rund um die Uhr 22,7 Grad Celsius garantiert. Früher hast du im Haus im Sommer geschwitzt und im Winter gefroren.

Im Winter waren die Fenster morgens mit Eisblumen bedeckt und an deiner Nase hingen Eiszapfen.

Es war zwar saukalt und unangenehm, aber das Gute damals war: Wenn das Wasser in den außen geführten Leitungen eingefroren ist, musste man sich sechs Wochen lang nicht waschen und keine Zähne putzen.

Medizinfläschchen konnte man früher problemlos öffnen und jederzeit die schädliche Wirksamkeit einer Überdosis testen. Heute ist die Kindersicherung auf dem widerlichen Hustensaft so perfekt, dass man im Internet die vielhundertseitige Gebrauchsanleitung dazu lesen muss und man als Erwachsener das Ding trotzdem nicht aufkriegt. Dann fragt man seine Kinder, wie's funktioniert, denn die haben den Dreh natürlich gleich raus.

Den Deckel von leeren Konservendosen haben wir früher mit Karbid in die Luft geschossen. Wenn du richtig zündeln wolltest, hast du an der Tankstelle zwei Liter Benzin in eine Gießkanne einfüllen lassen, während dein Freund an der Kasse nach Streichhölzern fragte. Wir bauten windschnittige Seifenkisten – aber ohne Bremsen. Nach drei heftigen Unfällen kam man damit klar. Der Begriff »Learning by doing« war uns unbekannt – wir haben ihn gelebt!

Und manchmal musste man doch zum Arzt und ab und zu kam man dann eben auch ein paar Tage in ein ganz normales Krankenhaus.

▶ **Früher gab's noch kompetente Ärzte,**
die Bescheid wussten

Wenn's dich heut am Kinn juckt, überweist dich dein Hausarzt zum Spezialisten im Medical Competence Center: zum Kinnäkologen.

Der lässt dich 4 Stunden warten, schaut dich 3 Minuten lang an und schickt dich dann 2 Stockwerke höher zum Hautarzt. Der lässt im untersten Stock eben ein CT anfertigen, zur Sicherheit noch ein MRT, EKG, FCKW und ein Röntgenbild. Mit dem gehst du wieder zum Hausarzt, der dich vorsichtshalber in die Fachklinik einweist, und

weil du die blöde Quittung vergessen hast, zahlst du überall zehn Euro Praxisgebühr.

Nach einer Woche wirst du entlassen, obwohl's noch schlimmer juckt als vorher – aber man sagt dir, das sind jetzt bloß noch die Nebenwirkungen!

Früher bist du zum Hausarzt, der hat dein Kinn angeschaut und gesagt: »Des isch nix, des vergeht wieder!«

Dann hat er noch den Liter Urin untersucht, den du mitgebracht hast, und festgestellt: »Kannsch daheim ausrichten, alles klar: Papa, Mama, Kinder, Oma, Opa, Hund – alle gesund!«

Und früher gab's noch keine Wellness-Krankenhäuer!

Damals haben dich deine Eltern wortlos ins Krankenhaus gefahren, abgegeben – und sich bis zu deiner Entlassung nicht mehr blicken lassen.

Nach zehn Wochen im Krankenhaus hat irgendeiner zu dir gesagt:»Du kannsch jetzt fei heim!«Du hast deine Sachen gepackt, bist zum Bus, heimgefahren und kaum hast du die Küche betreten, hieß es:»Ach, bisch du wieder da? Du kannsch gleich raus und deinem Vater beim Rasenmähen helfen!«

Heut beziehst du das Krankenzimmer mit der ganzen Familie: Der Vater installiert TV-Anlage samt Schüssel und Receiver, damit du Zugriff auf 340 Programme hast, zudem Spielkonsole, Laptop und Internetanschluss.

Früher war die Oberschwester ein echter angsteinflößender Drachen. Wenn die ins Zimmer reinkam, hat alles aufgehört zu reden, und wenn einer seine Schleimsuppe nicht ausgegessen hatte, dann gab's eine Woche lang gar nichts anderes mehr als Fencheltee.

Heut kennst du deine Krankenschwester schon vom letzten Playboytitelblatt oder von DSDS. Und die sagt bei deiner Entlassung ganz lasziv:»Beehren Sie uns bald wieder« – nicht, weil sie dich mag, sondern weil sie eine Provision auf jeden Patienten kriegt.

Und du? Du googlest verliebt auf deinem Smartphone, wo noch Eis auf dem Boden liegt – damit du gleich wieder ausrutschen und dir den anderen Fuß auch noch brechen kannst. Aber Vorsicht – manch einer fällt dann auf den Kopf und vergisst dabei blöderweise, warum er sich eigentlich das Bein brechen wollte ...

Im Sommer trafen wir uns morgens zum Spielen und abends bei Sonnenuntergang kamen wir wieder nach Hause. Niemand wusste, wo wir waren, keiner konnte uns auf dem Handy anrufen. Wir gingen kurzerhand raus und marschierten zu unseren Freunden. Ohne

Termin, einfach so. Niemand brachte uns hin oder holte uns ab. Wenn uns Mutti zum Spielen zu den Kumpels gebracht hätte, das wäre uns äußerst peinlich gewesen! Wenn sich einer in der Gruppe blöd benommen hatte, gab es keinen Stuhlkreis mit Aussprache, sondern einmal aufs Maul – dann war alles wieder gut. Wir haben Würmer gegessen, haben geschwitzt und gefroren. Wurden wir krank, waren wir zwei Tage im Bett, dann zog es uns wieder auf die Straße. Wir spielten uns einfach gesund, so wie wir uns später, als Erwachsene, auch nicht krankmeldeten, sondern Krankheiten einfach »hinausschafften«, zu deutsch: »wegarbeiteten«.

Beim Straßenfußball durfte nur mitmachen, wer gut war. Wer nicht gut war, wurde ins Tor gestellt, wo er versauerte, oder er musste den Schiedsrichter geben. Wir lernten frühzeitig, mit Enttäuschungen klar zu kommen, auch mit manipulierten Auswahlverfahren wie dem Zusammenstellen von Mannschaften beim Straßenfußball.

Manche Schüler waren nicht so schlau wie andere oder die Eltern konnten ihnen keinen Nachhilfeunterricht bezahlen. Die sind halt sitzen geblieben. Durchgerasselt! Deswegen wurden keine Krisensitzungen abgehalten, es wurde einfach die Klasse wiederholt. Unsere Taten hatten Konsequenzen, das war uns allen klar, und keiner konnte sich verstecken.

Wenn einer von uns gegen das Gesetz verstieß, wusste er, dass die Eltern ihn nicht aus dem Schlamassel heraushauen würden. Im Gegenteil, sie waren absolut der gleichen Meinung wie die Polizei! Wir hatten weder einen Jugendkeller noch einen Streetworker. Wir hatten Freiheit und Eigenverantwortung und waren bereit, die Folgen zu tragen. Mit so etwas konnten wir noch umgehen. Heute wird alles gleich auf die Lebensumstände geschoben, werden sofort mildernde Umstände beantragt.

Früher, wenn man als Kind oder Jugendlicher mit Erwachsenen in der Kneipe saß und nicht verstand, von was die Rede war, hat man zu Hause den Opa gefragt. Wenn dieser gerade bei der Darmspiegelung war, dann ging man in die Stadtbücherei und hat geschmökert, bis man auf die Antwort der Frage stieß und wusste, was am Tisch der Großen gesprochen worden war. Damals schämte man sich noch für fehlendes Wissen und für Dummheit. Dumm zu sein war damals einfach blöd!

Heute wird Dummheit und Unwissenheit umdeklariert in »Entspannung vom Denken«. Und kein Jugendlicher schämt sich mehr, sondern sagt dir: »Ey, Alter, wozu brauch ich Bildung? Was ich nicht weiß, das google ich mir her! Was man nicht googlen kann, das gibt es sowieso nicht!«

Wenn du so einem digitalen Jungspund von Weihnachten vorschwärmst, versteht er nur »Christbaum-Google«. Statt Guglhupf versteht er »Google-Hupf« und sagt: »Verstehe, das beschreibt den Vorgang, wenn dir beim Googlen der Laptop vom Schoß rutscht!«

Googlen heißt wissen, glauben heißt nicht wissen. Ergo: Wer googlet, der glaubt zu wissen, aber er glaubt nicht.

Früher gab's noch echten Glauben

Früher hegte man noch Erwartungen und hat man noch an etwas geglaubt: an den lieben Gott, daran, dass der

Vater im Sommer den Weg nach Italien findet, dass es im Winter schneit und der Deutschlehrer immer Recht hat.

Wenn dir damals der Mathelehrer eine gescheuert hat, hat dein Vater geglaubt, dass der Lehrer Recht hat, und du hast geglaubt, dass du ohnehin nichts machen kannst.

Heute glaubt man bloß noch an vier Dinge:

1. Ich glaub', es hackt.
2. Ich glaub', ich spinn'.
3. Ich glaub', der spinnt.
4. Ich glaub', ich google des mal.

In dem Zusammenhang hab ich kürzlich mal, ich glaube bei Yahoo, gegoogelt, was Google eigentlich bedeutet. Ich wurde zu Swabian-Google.com backwards verlinkt, wo dann – glaub' ich – Folgendes erklärt wurde: »Google – G. o. o. g. l. e., Abkürzung für: Glaub ons ond glaub lieber elles!«

Was soviel heißt wie: Wer's glaubt, wird selig.

Glaube ich zumindest.

Jederzeit Sendezeit

Das Denken überlässt man heute dem Computer – der zeigt dir, wo du bist, wo du hin musst, wann dein nächster und letzter Zug fährt, welche weitere schlechte Restaurants du in deiner Umgebung finden kannst und wann die Frau hinter dem Tresen ihren letzten Eisprung hatte.

Heute trägt jeder seinen Computer in Form eines Smartphones in der Tasche umher, mit tausend Apps, die dir das Leben vereinfachen und angenehm machen sollen. Vorausgesetzt, du konntest die Apps herunterladen, installieren und sie zum Funktionieren bringen.

Früher hat nur der Flaschner etwas installiert, wie zum Beispiel einen neuen Siphon im Bad. Damals gab es noch ganz normale Berufe!

▶ **Früher gab's noch normale Berufe**

Seinerzeit hast du Bankangestellter gelernt, auf deinem Namensschild stand: »Bankangestellter« und jeder wusste: du bist Bankangestellter. Punkt.

Heut bist du nicht mehr Bankangestellter, sondern »Bank Business Management Retail Assistant« und die Groß- und Außenhandelskauffrau von früher ist heute eine Emawfta: Executive Management Assistant in Wholesale and Foreign Trade Affairs!

Das klingt doch, als hätte sich dein Chef einen Abend lang mit einer Flasche Rotwein und einer Schachtel Kühlschrankpoesie in der Küche eingeschlossen! Wahrscheinlich gibt's sogar einen eigenen Beruf, der sich diese Namen ausdenkt: den Assistant Creative Job Title Manager.

Der einzige Bereich, in dem es noch normal zugeht, ist das Handwerk. Ein Maurer war früher ein Maurer und ist es heute immer noch – und zum guten Glück kein Brick and Cement Engineer.

Was auffällt: Heute ist der Titel super, aber der Job ist es nicht mehr. Kaum einer arbeitet mehr eigenständig, sondern immer bloß noch seinem Chef zu.

Heute heißt das »Junior Management Assistance«, früher »DVD« – Depp vom Dienst.

Und der Chef ist deshalb Chef, weil er weniger Ahnung hat als alle anderen und deshalb zum Zuarbeiten leider nicht taugt.

Kam damals ein Installateur mit seiner Werkzeugkiste, war das ein angesehener Fachberuf. Heute installiert jeder User, der mit der Fingerspitze auf einen Button tippen kann, auf seinem Handy irgendwelche Apps und hilfreiche Programme und spricht von superguten Tools, wenn er die virtuelle Werkzeugkiste meint. Von Fachkönnen oder Fachwissen kann bei den heutigen »Installateuren« nicht mehr die Rede sein. Wenn bei den Usern tatsächlich mal der Flaschner kommen muss, meinen sie, er würde eine App ans Waschbecken schrauben.

Alle haben Handys. Dabei ist heutzutage allgemein bekannt, dass Strahlung, die von schnurlosen Telefonen oder Handys ausgeht, auf die Biologie der Frau und die Zeugungsfähigkeit des Mannes einen negativen Einfluss entwickeln kann. Trotzdem ist der digitale Mensch jederzeit und zu jeder Gelegenheit ausgerüstet mit Handy, Smartphone, E-Book, mp3-Player, Bluetooth oder Freischalteinrichtung. Wer »vernetzt« sagt, muss auch »verstrahlt« sagen!

Wenn du wegen der Strahlung deines Handys impotent oder unfruchtbar wirst, erklärt dir der Arzt: »Sie haben ein hohes Zeugungs-Handykap.«

Früher hat man sich vor Strahlung geschützt, indem man sich von seiner Freundin im Freibad mit Tiroler Nussöl eincremen ließ. Denn der höchste Strahlungseffekt, den man kannte, war ein heftiger Sonnenbrand, bei dem sich die Haut in großen Flocken selbstständig machte. Vom Winde verweht!

Da das Durchstehen eines Sonnenbrandes wiederum als mannhaft angesehen war, ersetzte man das Sonnenöl gern auch durch Melkfett. Das hatte viele Vorteile: Es war billig zu kriegen, hatte keinen UV-Schutz und sorgte stattdessen dafür, dass sich auf deiner glänzenden Haut die Wirkung der Sonne vervielfachen konnte. Man lag auch gerne auf reflektierenden Luftmatratzen. Eitle Frauen sonnten sich am Strand von Bibione mit einem silbernen Schirm unterm Gesicht, der die Sonnenstrahlen bündeln sollte. Sie sahen aus wie Hunde, denen der Tierarzt (oder heute die Pet-Nanny) einen Trichter um den Hals schnallt, damit sie sich nicht mehr blutig kratzen können.

Während der Atomversuche auf dem Bikini-Atoll ließ man sich gegen Atomstrahlung einen Bunker in den Garten bauen oder man hatte immer eine Aktentasche dabei, um sie sich schnell über den Kopf zu halten, falls einen unerwartet ein Atomblitz blenden und er seine radioaktive Strahlung aussenden sollte. Die konnte durch alles dringen außer durch Aktentaschen, vor allem solche mit einem Steuererklärungsformular im Lederbauch. Denn die Regel hieß: Wo man nicht durchblickt, dringt auch nichts durch. Wie heute bei der Mülltrennung.

▶ **Früher gab's noch keine Mülltrennung**

Damals existierten nur zwei Arten von Abfall: Küchenabfälle, die man ans Vieh verfütterte oder die auf den Komposthaufen wanderten – und Restmüll. Der kam in den grauen 30-Liter-Treteimer in der Ecke und hat tagelang vor sich hin gemüffelt.

Heute hast du in deiner Einbauküche unter der Spüle ein ausziehbares dreiteiliges Mülltrennungssystem. In jedem Behälter ist ein Müllbeutel aus Hochdruck-Polyethylen, mit Zugband und eingeklebtem Anti-Geruchs-Pad aus Aktivkohle!

Die Gemeindeverwaltung schickt dir einen 50-seitigen Umweltkalender mit den Abfuhrterminen für die schwarze, blaue, gelbe, grüne und klein-karierte Tonne. Schuhe musst du in den Schuhcontainer einwerfen, Klamotten in den Altkleidercontainer, Whisky- und Wodkaflaschen in den Glascontainer, brav sortiert nach sieben Farben. Altbatterien bringst du ins Elektrogeschäft zurück, Einweg- und Mehrwegpfandflaschen schön getrennt in den Supermarkt, Korken jedoch nicht in die Weinhandlung – die musst du vielmehr extra zum Wertstoffhof fahren.

Sperrmüll musst du sechs Wochen vorher anmelden und deine zwei Wertschecks einlösen.

Früher gab es drei feste Sperrmüllabfuhrtermine im Jahr. Du konntest ganz genau planen, wann du deine alte Matrazen rausstellst. Und in Studentenkreisen konnte man so ganz genau wissen, ab wann man ein eigenes Bett besaß.

Heute bist du den ganzen Januar damit beschäftigt, dir ein ausgefeiltes Abfallentsorgungskonzept zurechtzulegen und alle Abfuhrtermine im Outlook einzugeben, um sie dann mit deinem Terminkalender auf dem Smartphone zu synchronisieren.

Heute gibt's eine Hotline und es berät dich der Waste Management Consultant – früher hat man gesagt: der Müllmann.

Und wenn früher ein bisschen Müll übrig war, hat man ihn halt im Garten verbrannt oder im Wald vergraben.

Und weil man das heute gar nicht mehr darf, versteigert man die Dinge halt bei eBay. Früher wurde der Müll entsorgt, heute wird er in kleinen Paketen um die Welt geschippert: just in time dreck. Oder: Lumpengruscht on demand!

Als massentaugliches Freizeitvergnügen, das man mit Freunden genießen konnte, kam früher hauptsächlich das Kino in Frage. Da sah man John Wayne im Wilden Westen herumballern, Winnetou sterben oder Strapse an haarigen Männerbeinen in der Rocky Horror Picture Show. Kino, richtiges Kino, das war damals noch ein Erlebnis, das nahe ging! Es gab keine MultiplexX und CinemaxX, bei denen die Größe der Popcornbecher wichtiger erscheint als das Kinoprogramm selber, sondern es gab Lichtspieltheater.

Man ging ins »Bali« und träumte schon beim Namen des Kinos von fernen Ländern. Dabei war »Bali« eine Abkürzung für »Bahnhof-Lichtspiele«, weil das Kino im oder beim Bahnhof war und abends spezielle Filme für einsame Herren zeigte. Heute möchte in Verbindung mit einem Bahnhof oder der Deutschen Bahn niemand mehr sein Image aufpolieren und keiner träumt hier mehr von fernen Ländern, sondern jeder ist froh, wenn sein Zug überhaupt fährt.

Das wahre Kino-Erlebnis fing früher schon beim Gebäude an. Meist war es ein altes, baufälliges Theater, bei dem ein roter Samtbezug die Risse in der Wand verdeckte. Es gab fünf Reihen ausgeleierter Klappstühle und einen Projektor, der das unscharfe Bild immer zur Hälfte an der Leinwand vorbei warf. Die Leinwand war so gross wie zwei alte Topflappen. Inzwischen sind die Leinwände so groß wie Fußballplätze! Das ständige krampfhafte Hochgucken beschert dir einen steifen Nacken, den du danach eine Woche behandeln lassen musst, weshalb man nur noch alle zwei Wochen ins Kino kann. Die Handlung kriegt nur mit, wer zu zweit ins Kino geht. Jeder setzt sich an eine Seite des Saals und brüllt während des Films: »Bei mir hier fliegt gerade ein Raumschiff umher – und was passiert bei dir?«

Früher bist du zwar auch zu zweit ins Kino – aber nicht um laut zu schreien, sondern um leise zu knutschen. Und die Hosentasche innen hast du vorher mit dem Taschenmesser aufgeschnitten. Und nach jeder Wäsche hat die Mama die Tasche geduldig wieder zugenäht.

Knutschen im Kino? Kann man heute völlig vergessen, denn in den superbreiten Lounge-Polstersesseln mit zwanzig Zentimeter breiten Armlehnen kommst du an die Liebste gar nicht mehr ran! Du kannst ihr höchstens eine SMS zum Nebensitz hinüber schicken. Aber deshalb geht man doch nicht ins Kino, genauso wenig wie man früher ins Kino ging, um Liebesbriefe zu verschicken. Was sich auf der Leinwand abspielte, war früher völlig egal, solange du währenddessen testen konntest, ob ihr Zauberkreuz-BH locker sitzt. Und zwischen den Kuss-Szenen hast du ihr tief in die Augen geblickt. Heute sitzt die Prinzessin deiner Träume mit einer 3D-Brille neben dir und kommt sich vor, als wäre sie mitten im Film – bloß nicht mit dir, sondern mit Brad Pitt. Oder mit Jonny, dem Depp!

Wer sich dabei wie im falschen Film vorkommt, das bist du! Da helfen auch die fünf Kilo Popcorn nichts mehr, die du gemeinsam mit ihr futterst.

Früher hat man Dinge einfach gemacht. Heute bloggt und twittert und skypt man stundenlang darüber, was man alles gerne machen würde, wenn es doch bloß erlaubt wäre. Oder wenn man neben dem ganzen Bloggen, Twittern und Skypen die Zeit dazu hätte, es zu tun.

Früher hast du im Kino so viele Szenen verpasst, dass du mit deiner Freundin noch drei romantische Folge-Stunden lang den Film im Auto vom Opa oder Papa nachbesprochen hast. Viele der heutigen Jugendlichen würden ohne diese romantische Nachbesprechung im Auto doch gar nicht existieren! Heute muss dein Schatz nach dem Kino immer gleich nach Hause – weil sie dir in Facebook, Twitter und StudiVZ noch stundenlang schreiben muss, wie klasse und super-romantisch der Kinobesuch mit dir war! Gerne wieder! Aber vorher bitte eine SMS! Weil sie ihren Timer updaten muss.

Früher hattest du mehrere Möglichkeiten, mit deinem Traumhasen allein zu sein: Entweder du hast geparkt oder du bist auf gut Glück mit ihr auf Spritztour – wobei völlig klar war, dass zu einer Fahrt ins Blaue eine halbe Stunde Live-Reparatur bei offener Motorhaube dazugehörte. Und weil die Notreparatur nie klappte, weil du ja – wie wir alle – keine Ahnung von Motoren hattest, aber dafür mehr vom Herumschrauben, hast du erst geschraubt und danach deine weibliche Begleitung die Kiste nach Hause schieben lassen. Warum? Am Steuer saß der Mann, fertig! Deshalb waren die Mädchen damals vom Herumschrauben immer ganz gelockert und auch ohne Fitnessclub immer herrlich durchtrainiert.

Wenn auf der nächtlichen Heimfahrt ausgerechnet mitten im Wald der Motor ausging und nicht mehr anspringen wollte, wusste deine Freundin genau, um welche Zündkerze es in Wirklichkeit ging. Wenn das Auto mal *nicht* auf einem Waldweg stehen blieb, hat sie besorgt gefragt: »Willsch Schluss machen oder was?«

Und du: »Nein, nur, äh, heute geht der Motor an einem Weg aus, an dem es hohe Hecken gibt.«

Sex hat damals einfach stattgefunden. Heute wird er wissenschaftlich eingekreist.

▶ **Früher gab's doch noch keine Sexwissenschaftler**

Früher hast du dir deine Aufklärung geholt, indem du dich im Biosaal hast einschließen lassen und in Formalin eingelegte Körperteile angeschaut hast.

Und danach hast du noch erweiternde Studien angestellt und wahlweise bei den Eltern durchs Schlüsselloch gespickelt oder Papas Schreibtisch aufgebrochen und seine Herrenmagazin-Sammlung durchgeblättert.

Heute werden Kinder schon ab der dritten Klasse von Sex und Sexwissenschaftlern dermaßen gelangweilt, dass sie sich mehr für Klingeltöne interessieren als fürs andere Geschlecht.

Sexwissenschaftler – dazu hätte man früher gesagt: »Des isch a Profi-Drecksau!«

Und jetzt haben Sexualwissenschaftler herausgefunden: Der durchschnittliche Deutsche hat 98 Mal Sex im Jahr!

Da kriegt man ja Angst! 98 Mal Sex im Jahr – das ist doch fast jeden dritten Tag!

Mein bester Kumpel konnte sich das nicht vorstellen, hat seine drei besten Freunde angerufen und gefragt: »Wie schafft ihr das, alle drei Tage Sex?«

Haben alle drei geantwortet: »Frag deine Frau!«

Wenn das Auto eines Autofahrers liegen bleibt, der ins digitale Zeitalter hineingeboren wurde und das Wort »analog« nur noch mit Käse- und Schinkenersatz in Verbindung bringt, kann er seinen Wagen nicht selbst wieder flott machen.

Früher hast du ein bisschen die Zündkerzen mit der Drahtbürste geputzt und sie in der Hoffnung wieder eingeschraubt, dass der Opel-Bolide aufbrüllt wie ein Ferrari und dein Schneckle dich anhimmelt, weil du sie aus einer ausweglosen Notsituation gerettet hast. Heute müsstest du den Computerfachmann kommen lassen. Wenn dieser nicht schon von selbst käme, weil der Bordcomputer deines Autos nach dem zweiten vergeblichen Anlassversuch ein GPS-Signal über deinen

Standort versendet hat, das man in einem Service-Center in Südkorea aufgefangen hat und das über einen Satelliten, der über Nord-Westindien steht, an das Car Service Office in deinem Nachbarort weitergeleitet wurde.

Dort sitzt Karl-Ernst aus deiner Parallelklasse mit dicken Kopfhörern und Headphone am Computer, druckt alles aus und schlurft mit dem Print in die Werkstatt rüber, wo der Notfallservice gerade Karten spielt. Wie von der Tarantel gebissen springt einer von den Jungs nach dem letzten Stich auf und rast Hals über Kopf zu deinem havarierten Fahrzeug. Er fitzelt den Wagen (besser gesagt: deinen Elektronik-Container) an sein »digitales Diagnose-Center« an. Das analysiert in Sekundenbruchteilen den Gesamtzustand des Wagens, weiß, wie oft du den Aschenbecher geleert hast und stellt fest, welche großen und kleinen Inspektionen du gedacht hast, dir sparen zu können.

Die Notfall-Service-Fachkraft fummelt sonst noch was rum, wechselt schließlich einen Chip aus, macht ein Reset, du unterschreibst auf einem Tatschskrien-Händhold-Pippischeiß-Apparat – und am nächsten Tag kriegst du eine Mail mit einer Rechnung im PDF-Format. Darauf steht ein irre hoher Betrag für An- und Rückfahrt, einen Posten für fachgerechte Entsorgung des ausgetauschten Chips, dass dir schon 500 Euro abgebucht worden sind und du nichts mehr überweisen musst, und dass die Computerdiagnose lautet: »Leerer Tank«. Natürlich kosten die fünf Liter, die der Kraftfahrzeuginformatiker heimlich eingefüllt hat, das Dreifache des üblichen Preises, aber das ist dann auch vollends egal, weil dein Konto sowieso schon damit belastet ist. Die paar Kontoführungsgebühren, die noch dazu-

gerechnet werden müssen, runden den hervorragenden
Service dann vollends ab.

► **Früher gab's noch keine 6000 verschiedenen
Benzinsorten**

Da gab's Diesel, Super und Benzin – fertig. Später kam
bleifrei dazu, da war man aber jahrelang misstrauisch, ob
das nicht doch den Motor schädigt. Und wenn der dann
mit 420 000 Kilometer einen Kolbenfresser erlitten hat,
hat der Vater geschrien: »Siehst du! Dieses scheiß blei-
freie Glumb, i hab's doch gleich g'sagt!«

Heut musst du vor dem Tanken erst mal eine halbe
Stunde lang die Betriebsanleitung vom Auto lesen und
vorsichtshalber bei der Hotline anrufen, um rauszufin-
den, was du tanken musst: ob »Truck Diesel«, »Fuel Save
Diesel«, »Power V Diesel«, »V over 95«, »V over racing
100«, Gas, Methanol, Äthanol oder Salatöl.

Früher hat man Benzin getankt, 40 Liter, die haben
40 Mark gekostet und für 400 Kilometer gereicht. Heute
hat man dank KW-Wert-optimierter Karosserie, Super-
Kompressor und Turbo-Einspritz-Hybridtechnik den Ver-
brauch gedrosselt auf 5 Liter (pro 50 Kilometer).

Dein Tank fasst heute 100 Liter und für eine Füllung
zahlst du umgerechnet 300 Mark.

Wenn du früher mal versehentlich Diesel getankt
hast, hat das Auto halt ein paar Fahrten lang ein bisschen
geruckelt. Wenn heute in deinen hochgezüchteten High-
techmotor versehentlich eine homöopathische Menge
vom falschen Sprit reinfließt, hast du einen 8000-Euro-
Schaden verursacht! Und die Innung des Kraftfahrzeug-

gewerbes sponsert die Tankstelle, damit die möglichst missverständliche Beschriftungen auf die Zapfhähne schreibt.

Du konntest früher als Zwölfjähriger an der Tankstelle Benzin in allen gewünschten Mengen ab einem Liter kaufen, was dir der Tankwart bereitwillig in jedes mitgebrachte Gefäß eingefüllt hat. Und wenn er gut drauf war, hat er dann sogar noch die Windschutzscheibe deines Tretautos geputzt.

Heute musst du fürs Tanken volljährig sein und das Handy ausschalten. Und der Sprit fließt durch einen Sicherheits-Einfüllstutzen.

Früher hat der Vatter sich immer auf den Tankstopp gefreut, weil er beim Tanken endlich mal wieder eine gemütliche Rauchpause einlegen konnte. Und falls ihm dann doch mal die brennende Kippe in den Tank gefallen ist, war der Schaden nicht so groß.

Klar: Zigaretten waren damals noch viel billiger!

Also, was macht man, wenn die klassische Autopanne keine Option mehr für den Vollzug der Liebe ist? Was hast du früher gemacht? Du hast dich »verfahren«! Je schlimmer, desto besser. Dann war es so richtig wildromantisch, so Blaue-Lagune-mäßig – nur eben ohne Lagune. Dafür Rhein, Neckar oder Baggersee.

Ein attraktives Mädchen hat man früher als »Steilen Zahn« bezeichnet. Nahm sich ein Heranwachsender Elvis Presley zum Vorbild, galt er als »Halbstarker«. Heute wird in der deutschen Jugendszene Englisch mit deutschen Versatzstücken oder Türkisch mit deutschähnlichen Füllstoffen gesprochen. Dabei kommt ein Kauderwelsch heraus, das sich nur noch als eigene Sprachentwicklung begreifen lässt, wie sie auch bei Piraten, Sklaven, fahrendem Volk oder in der Werbung stattgefunden hat. Wer da mithalten will, braucht einen Volkshochschulkurs bei einem Analphabeten, der autodidaktisch Deutsch auf den Fluren eines Jobcenters gelernt hat und während des Wartens versuchte, die mehrsprachigen Informations-Flyer zu lesen.

Wenn sich Jugendliche in der Straßenbahn unterhalten, dann twittern sie live. Das hört sich so an:

»Hey, was geht?«

»Ey, mal ausleuchten, was bei Jack heut so läuft.«

»Sahne!«

»Ey vollkrass, ja Mann!«

»Isch schwör dir, Alter!«

»Kuckma!«

»Cool.«

Immer mehr Jugendliche verlassen die Schule ohne Abschluss. Dies ist sehr bedenklich. So viele Fußballer und Spielerfrauen braucht doch keine Sau!

Und es gibt immer mehr Alkoholvergiftungen – das hat in den letzten zehn Jahren um geschätzt 20 Promille zugenommen. Als junge Kerle haben wir es früher den Alten bei Wein- und Volksfesten nachgemacht und auf Partys Alkohol getrunken. Wenn dann einer unterm Tisch lag, hat er nur eine Pause eingelegt. Heute üben sich manche Mädels und Typen im Koma-Wettsaufen. Wahrscheinlich haben sie in der Schule nicht gelernt, dass auf Wodkaflaschen kein Pfand drauf ist.

Auch in der Schule selbst wird immer mehr Alkohol getrunken. Wie man hört, nennen die Kids die große Pause inzwischen überall nur noch »Happy Hour«.

Und doch wurde 2011 eine Studie vorgelegt, die besagt: Heutige Kinder und Jugendliche rauchen und kiffen weniger als ihre Elterngeneration. Viele Eltern von Walddorfschülern fragen sich deshalb besorgt, was bei der Erziehung ihres Nachwuchses wohl schiefgelaufen sein könnte.

Für bessere Zeiten

Konservativ bis auf die Knochen sind die heutigen Kids, keine Spur mehr von Revoluzzergeist! Früher hat man sich gegen die herrschenden Verhältnisse gestemmt und wollte das System verändern. Die Volkszählung, bei der in den Achtzigern ein Zehntel jener Datenmenge abgefragt wurde, die du heute preisgibst, um beim Bäcker Mitglied in seinem »Treue-Brezel-Club« zu werden, hat man eisern boykottiert; dafür wäre man sogar ins Gefängnis gegangen. Wenn du heute so einem Jungspund was erzählst von »Ho – ho – Ho Chi Minh«, antwortet der: »Gesundheit!«

Che Guevara kennt der heutige Jugendliche nur als Höschen-Aufdruck aus der Schmuddelwerbung – nix mehr 68er, nur noch 0190 – 68 68 68.

► **Früher gab's noch keine Politikverdrossenheit**

Da hat man eine Partei gewählt, und wenn die an der Macht war, war klar: Die macht, was sie will – es heißt ja auch »macht«, äh: »Macht«.

Was die entschieden haben, das hat man nicht kritisiert. Allgemeine Meinung damals war: »Die werden es schon wissen, ich weiß es ja auch nicht.«

Heute ist der größte Wählerpulk der der Nichtwähler. Wenn heute eine Partei bei der Wahl 40 Prozent der Stimmen einfährt und saustolz auf sich ist, dann sind es meistens etwa grad mal 15 Prozent der Wahlberechtigten, die diese Partei gewählt haben.

Und die Wähler, die Nichtwähler und die politischen Gegner machen der Partei ihre Arbeit unmöglich mit Demos, Eingaben und Untersuchungsausschüssen.

Früher hätte man zum Beispiel bei Stuttgart 21 gesagt: »Ja Gott, da wird halt jetzt gebaut, dann müssen schon auch die Bäume weg!«

Heute heulen manche Demonstranten Rotz und Wasser, weil 300 Jahre alte Platanen sterben müssen. Danach gehen sie aufs Volksfest und essen ein halbes Hähnchen.

Früher hieß es: »Ja, jetzt bauen die halt, die zehn Jahre gehn auch rum.«

Heute sagt man: »Veränderung ja – aber die sollen doch bitte damit warten, bis ich tot bin.«

Früher musstest du für die Weltrevolution sein. Wenn du fehlerfrei aus der Mao-Bibel zitieren konntest, dann warst du offiziell ein Linker und kamst umsonst rein ins soziokulturelle Zentrum oder ins Kommunale Kino. Später war es als Links-Grüner viel wichtiger, ob du hersagen konntest, welches Atomkraftwerk durch Hochwasser und welches durch Absturz eines Jumbos gefährdet ist. Heute wirst du mit diesem Wissen für einen Sympathisanten von CDU/CSU gehalten, nachdem die beiden Parteien seit Fukushima das Thema AKW-Abschalten entdeckt haben. Früher haben die Politiker abgeschaltet, wenn die Atomkraft zur Sprache kam. Wer früher gegen Kernkraft und Nachrüstung war, hat sich dadurch als Staatsfeind zu erkennen gegeben.

Klar, auch damals haben einige vom bürgerlichen Leben geträumt. Das war in der Regel der Typ Jugendlicher, der mal die Firma oder die Rechtsanwaltskanzlei vom Vater übernehmen würde und dies schon im Kindergarten gewusst hat. Der trug kurzes, gescheiteltes Haar, war bei der Jungen Union oder bei den Jungen Liberalen und als Student in einer schlagenden Verbindung. Als der elterliche Betrieb dann doch an seine Schwester ging, weil die ihre Zeit nicht als rechte Hand des stellvertretenden Ortsvorsitzenden vertrödelt hat, wurde er später halt Ministerpräsident mit Bauch und Glatze. Der hat mit 16 schon so ausgesehen wie mit 46 und man wusste eigentlich schon seit seiner ersten Wahl zum Klassensprecher: Aus dem wird mal was!

Im Amt hat er jeden Tag 13 Kleingärtnervereine, mittelständische Werkzeugbauer und diakonische Einrichtungen besucht und jedesmal zwei bis drei Schnäpse getrunken. Außer bei den Winzergenossenschaften, wo ihm zahllose Weinköniginnen unablässig Kelche mit Rotem und Weißem zum Munde führten.

Und am Sonntag hat ihm in der Kirche sein Nebensitzer, der Industrie- und Handelskammerpräsident, zugeflüstert: »Herr Ministerpräsident, es sollte bei der laufenden Tarifrunde nicht mehr als 2 Prozent mehr Lohn rauskommen!«

Hat er zurückgeflüstert: »Wird gemacht – Amen!«

Heute hat man grüne Ministerpräsidenten, die sich auf Augenhöhe mit ihrem Koalitionspartner befinden und im Gespräch mit allen bürgerlichen Schichten und mit Respekt vor allen die ganzen Mehr- und Minderheiten mitnehmen und allen so lange die gleichen Rechte geben, bis man womöglich merkt, dass Verkraften etwas mit Kraft zu tun hat.

Früher hat der Ministerpräsident bei seiner Rede im Haus der Wirtschaft gesagt: »Im Schulwesen müssen wir Wert legen auf die naturwissenschaftliche Erziehung, auf Mathematik, Physik und Chemie! Und die Familien fördern – so wahr uns Gott helfe!«

Heute sagt der MP beim »Sit in« in der Strickstube: »Wir brauchen Dienstfahrräder, Freie Religionsausübung, Krötentunnel, Unterrichtsfächer wie »Gewaltfreies Umtopfen« – so, und jetzt muss ich zurück zu meinen Kindern, zu meiner Frau – und ihrem Mann.

Ein kommender Ministerpräsident hat früher auch niemals den Kriegsdienst verweigert, sondern er ist zur Bundeswehr als Zeitsoldat. Entlassen wurde er mindestens als Stabsunteroffizier. In seiner Vita wird selbstverständlich aufgeführt, dass er »stolz gedient« hat. Damit war für ihn der Weg frei zum Entwicklungsminister in einer schwarzgelben Bundesregierung.

Heute gibt es in Deutschland nur noch eine Freiwilligenarmee. Was ist eigentlich mit den vielen Beamten passiert, die früher den Verweigerern gegenüber saßen und sie über ihre Beweggründe ausgefragt haben? Ziehen sie mittlerweile als Armee-Werber von Haus zu Haus? Oder arbeiten die zu einem Hungerlohn in Krankenhäusern und Altersheimen?

Kriegsdienstverweigerung! Heute ein Anachronismus, für uns damals eine entscheidende Frage: Willst du anerkannt sein, dazugehören, in den Partykeller mit eingeladen werden, dir Haare und Bart wachsen lassen und an die Mädchen rankommen – oder willst du Ministerpräsident werden? Verweigern hatte damals die Dimension, die George W. Bush meinte, als er nach dem

11. September ausrief: »Entweder ihr seid für uns, oder ihr seid für die Terroristen!« Unsere Lehrer und Eltern warnten uns ausdrücklich vor diesem Schritt, der uns brandmarke und uns den Weg in den Staatsdienst definitiv verwehre. Wer verweigerte, wusste, dass er später nur noch im Sozialdienst oder als Kabarettist arbeiten konnte.

Damals musstest du als Achtzehnjähriger mit Bart und langen Haaren vor einem halbreaktionären Vorsitzenden und gelangweilten Beisitzern aus allen drei Parteien Platz nehmen. Es folgte sowas wie ein Tribunal, eine mehrstündige Verhandlung, in der du jede Sekunde denken musstest: »Ich hab' einen Gewissenskonflikt – oder zumindest einen gewissen Konflikt –, sonst bin ich draußen!« Man hat darum gekämpft, 16 Monate lang quasi umsonst im Altersheim arbeiten zu dürfen. Als Urinkellner.

Der Vorsitzende hat mich bei der Verhandlung allen Ernstes gefragt: »Sie gehen mit Ihrer Mutter durch den Park, Sie haben eine Pistole dabei und sind auch ansonsten bis an den Oberkiefer bewaffnet. Da plötzlich bricht der Russe durch den Lorbeer und will naturgemäß ihre Mutter vergewaltigen – wie reagieren Sie, Sonntag?«

Tja, was würde man in so einem Fall machen, der ja offensichtlich nicht nur täglich, sondern sogar stündlich eintreffen kann? Und es ist ja absolut üblich, auf Parkspaziergängen mit seiner Mutter für alle Fälle eine Pistole mitzunehmen, falls ein Russe kommt. Also, was machst du, wenn ein Russe deine Mutter vergewaltigen will? Du würdest dich an einen Kinofilm mit Bruce Willis erinnern, dem Typ die Waffe unter die Nase halten und ihm androhen: »Schleich dich, du perverser

Drecksack – oder dein Gehirn fliegt in einen der Vogelnistkästen, die vom Naturschutzbund in den Bäumen aufgehängt wurden!«

Ja, aber genau so etwas durftest du auf keinen Fall sagen! Nach so einer Antwort hätte es unmissverständlich geheißen: »Ab zum Bund!« Besser, man gab die Antwort, die einem der evangelische Verweigerungspfarrer (meiner war Wolfgang Früh selig aus Waiblingen) in stundenlangen Vorbereitungssitzungen eingetrichtert hatte: »Ich rede mit dem Russen und versuche, ihn im Gespräch von seinem Plan abzubringen!«

Mit dieser Antwort stieg enorm die Chance auf den miserabel bezahlten Job im Altersheim, den man sich sehnlichst wünschte.

Wie könnte so ein Frieden stiftendes Gespräch nun eigentlich verlaufen, das meiner Mutter eine Vergewaltigung durch einen Fremden in Anwesenheit ihres Sohnes erspart?

Ich sage also zu dem russischen Aggressor: »Entschuldigen Sie bitte, sehr verehrter Herr mit osteuropäischem Migrationshintergrund. Sicher haben Sie eine lange und entbehrliche Reise hinter sich, um heute hier unter uns sein zu können. Ich verstehe ihre sexuelle Not sehr, sehr gut. Dass es Ihnen in Russland schlecht geht, daran trage ich als Deutscher bestimmt persönlich eine große Mitschuld und auch Verantwortung bis auf den heutigen Tag. Dennoch würde ich Sie gerne von Herzen bitten, von der Schändung meiner Mutter ein Stück weit Abstand zu nehmen!«

Ist doch klar, was der dann gesagt hätte: »Oh, so habe ich es noch gar nicht gesehen. Okay, das hört sich gut an! Echt gut, dass wir darüber geredet haben. Schönen Abend noch und seien Sie vorsichtig, der Park ist voller

Spinner! Darf ich Ihnen zu Ihrer Sicherheit mit meinem Messer aushelfen? Sie haben eine wundervolle Mutter, passen Sie gut auf sie auf. Druschba, druschba!«

Und so hab ich bei der Verhandlung um meine Anerkennung als Kriegsdienstverweigerer drei Stunden lang keine umherliegenden Äxte, Messer und Knarren benutzt, sondern habe Vergewaltiger, Terroristen und Wahnsinnige im Gespräch überzeugt, dass es auch einen gewaltfreien Weg gibt.

Man hat damals allen Ernstes geglaubt, die Bundeswehr könne unsere Sicherheit garantieren. Heute wird Sicherheit privat organisiert.

▶ **Früher gab's noch keine privaten Sicherheitskontrollen**

Wenn du früher ein Problem mit deiner Stromrechnung hattest, bist du zum Energiekonzern getrabt, das Treppenhaus in den fünften Stock hoch, hast beim Vorstand geklopft, bist eingetreten und hast bei einem selbstgebrannten Schnaps und einer Zigarre dein Problem mit ihm zusammen gelöst. Danach hast du nie mehr Stromrechnungen bezahlen müssen und einen Patenonkel für dein sechstes Kind gehabt.

Heute rufst du an beim Callcenter auf den Seychellen, nennst Vorgangs-, Rechnungs- und Kenn-Nummer, wirst viermal weiterverbunden, man freut sich über dein Interesse am Konzern und wird sich kümmern.

Danach hörst du zwei Wochen lang nichts mehr, dann stellen sie dir den Strom ab und du kriegst per Einschreiben einen Gerichtsbescheid. Dann gehst du in drei

Talkshows, und die örtliche Boulevardzeitung organisiert dir vier Monate später einen Gesprächstermin beim Konzernmediator.

Du gibst am Eingang deinen Pass ab, wirst gefilzt, kriegst ein fälschungssicheres Namensschild angeheftet und gehst zunächst durch einen Metalldetektor, dann duch den Nacktscanner, während deine Aktentasche durchs Röntgengerät fährt.

Der Mediator freut sich über dein Interesse am Konzern, kann aber leider aus rechtlichen Gründen überhaupt nichts für dich tun und überreicht dir als Entschädigung ohne Anerkennung einer Rechtspflicht ein Feuerzeug und eine Baseballmütze mit dem Firmenlogo. Und unten wartet die Polizei drauf, dass sie dich in U-Haft nehmen kann.

Wenn du früher dabei kurz aufs Klo musstest und außen deine Tasche stehen lassen hast, war die danach geklaut und du musstest dir eine neue Vesper-Dose samt Thermoskanne kaufen.

Heut kommst du vom Pinkeln zurück und ein Spezialkommando hat derweil deine Tasche vorsorglich gesprengt und drückt dir beim Rausgehen eine Rechnung über 35 000 Euro für den Einsatz in die Hand.

Und der Portier bedankt sich für dein Interesse am Konzern.

Zugegeben, wir Zivis hätten alle gerne auch ein bisschen mit den Gewehren da rumgeballert, aber Zivildienst war wichtig, um an die Mädels ranzukommen. Denn hübsche Krankenschwestern mit Schwesternheimisolierungstrauma gab es überall. Denen konnte gerne geholfen werden, völlig gewaltfrei.

Paarungszeit

Was man damals alles machen musste, um ein Mädchen außerhalb von Schwesternheimen zu erobern! Das war wie eine zeitintensive Dauerwerbesendung. Wenn du heute eine kennen lernen willst, sagst du einfach: »Mensch, ey, dich kenn´ ich doch, grad neulich habe ich deinen Clip bei YouPorn gesehen!«

Oder es wird sofort der Turbo angeworfen, so schnell kannst du gar nicht gucken. Du begegnest ihr zum Beispiel zufällig im Chat und schreibst: »Ich habe braune Haare«, sie schreibt zurück: »Ich auch, wir haben so viel gemeinsam – zu dir oder zu mir?«

Früher musstest du dich verabreden, spazieren gehen, sie nach Hause begleiten – durftest aber nicht mit raufkommen! Nach drei Tagen musstest du sie wieder anrufen, nochmal mit ihr spazieren gehen, am besten denselben Weg, der nun schon zu »unserem Weg« geworden war – durftest aber immer noch nicht mit raufgehen. Danach musstest du Blumen schenken, sie ins Kino ausführen, dann durftest du endlich mit rauf: Kaffee trinken und Hefezopf essen – natürlich mit den Eltern! Mindestens eine Stunde lang haben sie dich gefragt, wo du wohnst, was dein Vater arbeitet, ob das Haus euch gehört und was du mal werden willst. Was sie nicht gefragt haben, war, ob du Kinder magst. Dafür war es noch zu früh, das kam erst nach dem sieb-

ten Kaffeetrinken, dann aber mit Erdbeerkuchen und Sahne.

Umgehen konntest du das nur, wenn du eine eigene Bude hattest. Dann warst du natürlich der King! Damit erschienen auch Spaziergänge wesentlich weniger attraktiv, lieber schleppte der nachtaktive Jäger und Sammler die Beute gleich in seine Höhle, statt mit ihr zeitvergeudend in der Gegend umherzutigern.

Ein Zimmer in einer Wohngemeinschaft bot gleichzeitig die beste Möglichkeit, den Generationenkonflikt auszuleben. Normalerweise hatte man zwölf Quadratmeter in einer Vier-Zimmer-Wohnung im Altbau, fünfter Stock, ohne Aufzug, dafür mit versiffter Küche. Die Wände wurden mit der Farbe gestrichen, die gerade im Sonderangebot war – und zwar absichtlich jede Wand

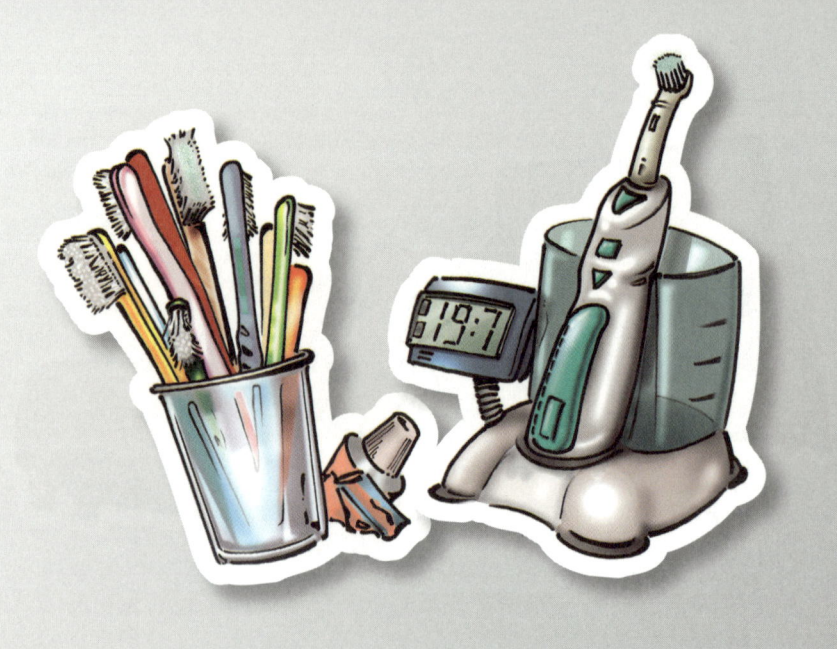

in einem anderen Farbton, damit dich ja keiner für einen Spießer hielt. Beliebt war dunkelbraun, denn in dieser Farbe war kein einziges Wohnzimmer der Eltern gestrichen.

Als Tisch diente eine Fichtenplatte auf zwei Klapp-Böcken, die Stühle waren aus dem Gartenhaus der Eltern gemopst und das Bücherregal bestand aus aufeinandergestapelten Obstkisten. So kam über exotische Kistenhölzer und eingebrannte Firmennamen internationales Flair in die Bude.

Wenn heute so ein Jungspund seine Wohnung einrichtet, geht der Auftrag an den Innenarchitekt und Raumdesigner. Zum Schluss sieht's genauso aus wie damals – nur kostet es eine halbe Million. Die Obstkisten sind aus Edelhölzern nachgebaut, von einem bekannten

Künstler beschriftet und werden schon im Internet als Sammlerobjekte gehandelt.

Oder es entsteht ein Wohnmuseum mit Design-klassikern, Designerküche, Ledersofa und Media-Möbeln. Das Loft ist in venezianischer Schwammtechnik mit mediterraner Wandfarbe getönt und an jedem Schubladenknopf haben zehn internationale Topein-richter herumdesignt, bis er endlich so klein war, dass er kaum noch auffällt, aber dafür auch nicht mehr zu greifen ist. Alles ist sündhaft teuer aus verschiedenen Möbelhäusern zusammengekauft – natürlich von Vati und Mutti.

Wenn auch nur eine Zeitung herumliegt, sieht es gleich zugemüllt aus, die Mutti fällt fast in Ohnmacht und hetzt dir ihren persönlichen Feng-Shui-Berater auf den Hals. Die Eltern sitzen steif auf den neuen Alcanta-ra-Sesseln. Niemand rührt sich, damit ja keine Flecken entstehen. Wenn früher deine Eltern in deiner Studen-tenbude in der Wohngemeinschaft auf Besuch waren, sind sie genauso steif am Küchentisch gesessen – aber weil *sie* nicht dreckig werden wollten.

Wenn jemand damals auf die Idee gekommen wäre, das WG-Bad zu putzen, hätte das für Milliar-den unschuldiger Kleinstlebewesen den Tod bedeu-tet. Das war natürlich nicht zu verantworten. Dort stand ein versiffter Becher mit 13 benutzen Zahnbürs-ten. Heute hat jeder seine akkubetriebene Oral-ABC-Feinmodulations-Schwingbürste mit Kariessensor und Anti-Plaque-Alarm.

Bald wird deine Zahnbürste auch noch fotografie-ren können und das aktuelle Zahnsteinphoto per E-Mail an deinen Dentalberater schicken. Und Outlook macht automatisch einen fälligen Zahnreinigungstermin aus.

Damals waren Zahnbürsten halb so groß wie eine handelsübliche Schuhbürste, die Borsten waren nicht vom Laser einzeln zahnfleischfreundlich angeschrägt, nicht farbig und sie hatten keine intelligente Verbrauchsanzeige. Vielmehr hat es sich einfach um von einer billigen Industrieschere abgeschnitte, harte Plastikstängel gehandelt. Und zwar um exakt die gleichen, die im Schuhabstreifer auch drin waren. Der Griff war nicht ergonomisch geformt, sondern gerade.

Und die vorherrschende Elternmeinung war damals: So eine Zahnbürste ist wie eine Lederhose, die muss ein Leben lang halten.

Darum hat auch der Generationenvertrag noch funktioniert: Du hast die Zahnbürste dreieinhalb Jahre lang benutzt, bis keine Borsten mehr dran waren und du mit der Plastikhalterung das Zahnfleisch abgeschliffen hast. Und danach hat man sie immer noch nicht weggeworfen – dann hat sie der Opa bekommen!

Im WG-Zahnbecher stand auch ein Nassrasierer, den alle benutzt haben. Natürlich nur die Männer – dass Frauen sich rasieren könnten, war damals noch genauso unvorstellbar wie das Internet.

▶ **Früher gab's noch keine Hightech-Rasierapparate**

Mein Opa hat noch Rasierseife aufgeschäumt, mit einem Rasierpinsel aus Silberspitzen-Dachshaar und Ebenholzgriff. Den Schaum hat er sich meterdick ins Gesicht geschmiert und hernach mit einem klappbaren Rasiermesser aus Solinger Stahl seine Stoppeln abrasiert.

Wenn er sich geschnitten hat, hat er den Alaunstift draufgedrückt. Nach der Rasur hat er das Klappmesser über einen Lederriemen abgezogen – und schon war´s wieder scharf.

Mein Vater war viel moderner, der hatte einen Elektrorasierer von Braun, mit Spiral-Netzkabel, ohne Akku, mit Scherfolie und Klingenblock.

Mein Onkel war was Besonderes, der hatte den von Philips – mit drei einzeln rotierenden Scherköpfen.

Heute benutzt man einen ergonomisch tiefergelegten »Mach 3 Turbo Fusion Phenom« Nassrasierer mit Batteriebetrieb. Der hat fünf angeschrägte, spezialgehärtete Power-Glide-Klingen, die in alle Richtungen einzeln federnd gelagert sind. Wenn du noch nicht ganz wach bist, malträtiert dieser Rasierer deinen Teint mit sanft pulsierenden Mikroimpulsen. Früher hat man dafür mit feuchten Händen den Elektrozaun um die Kuhweide berührt.

Rasiert hat man früher ohnehin nur das halbe Gesicht; der Rest war Schnurr- und Backenbart. Heute muss ja alles weg. Nasen- und Ohrenhaare mit dem batteriebetriebenen Trimmer, Brusthaare mit einem »Bodycruzer« und Achsel- und andere Haare mit dem Nassrasierer.

Aber es gibt eine gute Nachricht: Bald muss sich in Deutschland überhaupt kein Mann mehr rasieren. Weil man mit dem ganzen Industriefleisch so viele weibliche Hormone zu sich nimmt, dass einem eh keine Haare mehr wachsen. Außer dann halt auf der Zunge ...

Und bis man soweit ist, kann man sich ja auch sagen: »Ich spar' mir das Geld fürs Sado-Maso-Studio und geh zum Kaltwachs-Epilieren!«

Stühle gab's in der Wohngemeinschaft nur in der Küche. Dein Zimmer wurde damals von einer Zwei-mal-zwei-Meter-Matratze vom Sperrmüll beherrscht, die lag mitten im Zimmer auf dem Boden. Alles Lebenswichtige fand sich griffbereit daneben: Stereoanlage, Fernseher, Telefon, Tabak, Zigarettenpapierchen, Dope.

Und das Entscheidende war: Wenn dein Mädchen kam, hattest du sie von der ersten Minute an auf der gewünschten Ebene. Das war wichtig, denn so konntest du dir das Spazierengehen-Blumen-Kino-Kaffee-bei-den-Eltern-Ritual schenken, schließlich war das teuer, und wenn du eines nicht hattest, dann war es Geld.

Das war ja das Ärgerliche: Da hattest du dich erfolgreich von deinen Eltern abgenabelt, warst ein studierender Lebenskünstler und Freigeist – aber zum Monatsersten musstest du aufräumen, denn dann kamen Mama und Papa. Anderenfalls bot entweder Mutti an, einmal in der Woche nach dem Rechten zu sehen, die Küche sauber zu machen und dein Zimmer aufzuräumen – oder es wurde dir rücksichtslos das Budget zusammengestrichen. Das war damals wirklich sauer verdientes Geld.

Eine offizielle Studienfinanzierung wie heute existierte nicht. Heute gibt jeder Student sein Geld für Muckibude, Solarium und Focus-Money-Abo aus. Das Studium zieht er in drei Jahren durch, vorfinanziert wird von derselben Bank, die er später an der Börse verzockt, wofür er dann elf Millionen Erfolgsbonus kassiert.

Früher bist du nach 22 Semestern eines Morgens um 14.30 Uhr aufgewacht und hast gedacht: »Ich glaube, Sozialpädagogik ist nichts für mich, ich probier's mal mit Architektur.«

Und die Finanzierung des Studiums hieß nicht Hypo Real Estate Financial Future Planning for Students – sondern: »Du, Oma, mir ist's grad a bissle eng ...«

Dein Geld hast du als Student nicht global investiert, sondern vollkommen regional: Studentenkneipe, Busticket zum Raketendepot nach Mutlangen, Mitgliedsbeitrag bei Greenpeace oder Haschisch vom Dealer im Stadtpark.

Wenn du nicht gewusst hast, wie du das Geld für den Führerschein aufbringen sollst, hast du entweder der Oma Sonntagsausflüge ins Grüne so lange schmackhaft gemacht, bis sie sich zur Anschaffung eines hellblauen VW Käfers bei VW-Hahn in Waiblingen hat beschwatzen lassen. Oder du hast dich mit deinem Bonanza-Fahrrad in der Gasse versteckt, bis der Direktor der Volksbank mit seinem Opel Commodore vorbeigefahren ist und hast dann durch getimtes

Rausschießen aus der Gasse geschickt anfahren lassen, zumindest ein steifes Genick bekommen, ein ärztliches Attest geholt und die Kosten für den Führerschein vom Schmerzensgeld bezahlt. Heute begleichen die Kids ihre Fahrstunden und die Führerscheinprüfung völlig schmerzfrei von ihren ersten Aktiengewinnen oder mit dem »Driver's License Invest Sparbrief«, den die Patentante bei der Geburt für sie gezeichnet hat.

Früher saß noch der feincordbehoste Fahrlehrer neben dir. Der hat schmatzend einen Apfel gegessen und Pfefferminztee aus der Thermosflasche getrunken und hat dich in der Stadt seine ganzen fälligen Besorgungen abfahren lassen. Heute trägt er khakifarbene Freizeithosen mit aufgesetzten Schenkeltaschen und wenn er keinen Bock hat, schaltet er das GPS ein, lehnt sich zurück und macht Siesta. Statt Apfel isst er Power-Riegel und schlürft Energy-Drinks aus der Dose.

▶ **Früher gab's noch keine Energy-Drinks**

Wenn du damals beim Fußballspielen im Hochsommer zwei Liter Flüssigkeit verloren hast, hast du den Pegel mit Apfelschorle oder Bier wieder aufgefüllt.

Das Apfelschorle hat man selbst gemischt. Aus dem selber gepressten Apfelsaft von Opas Streuobstwiese. Und wenn der schon ein bisschen vergoren war, war's auch recht!

Heute fürchtet der moderne Mensch nach der kleinsten körperlichen Anstrengung, etwa dem Anziehen eines Hemdes, den totalen Zusammenbruch seines

Elektrolythaushalts. Um dem drohenden Kollaps vorzubeugen, haut er sich ein Sportswater mit Grapefruit-Lemon– oder Wild-Cherry-Geschmack rein. Das sieht – dank der vielen zugesetzten Lebensmittelfarben – aus wie frisch vom Chemiekonzern abgefüllt. Und schmeckt auch so.

Weil man dem »Hyper-Power-Revitalizing-Energy-Drink« aber doch nicht ganz traut, fügt man prophylaktisch noch eine Multikomplex-Mineralstoffpräparat-Brausetablette hinzu.

Und wenn man dann alle fünf Tage eine Erkältung kriegt, weil der Körper nichts mehr gewohnt ist, sagt man sich: »Ich Depp! Ich hätte halt zwei Brausetabletten reinwerfen sollen!«

Bekanntlich haben früher, also ganz viel früher, die Menschen noch in der Steinzeit gelebt. Wenn der Steinzeitmann etwas aufschreiben wollte, musste er die Buchstaben in Steintafeln ritzen – Modell Moses.

Meine Jugendzeit zählt dann schon zur Eisenzeit, denn da gab es Schreibmaschinen. Wie bei der Keilschrift wurde mit einem Schreibkeil ins Papier geritzt – der Fortschritt war, dass der Keil mit einer Taste bewegt wurde. Bei hartem Anschlag wurde der Buchstabe jedoch ausgestanzt. Der Brief war dann was für Durchblicker.

Heute ritzen sich die Menschen ihre Weisheiten als Tattoos auf den Unterarm, auf Schultern, Fußgelenk, Rücken, Hüfte, Gesicht oder Körperteile, die üblicherweise nur Ehepartner, Chirurgen oder Stripteasebesucher sehen. So versucht der moderne Mensch, die Tau-

sende Jahre alte Ritz- und Stichkultur seiner Vorfahren als Tätowierung und Piercing am eigenen Leibe zu erfahren. Hautnah gelebte Geschichte!

Schon lange hat das Plastikzeitalter begonnen, bei dem Naturmaterialien mit Kunststoff täuschend echt nachgeahmt werden können. Massenhafte Verbreitung hat im Wohnbereich das Laminat gefunden, das einen Parkettfußboden so perfekt imitiert, dass man den Unterschied erst merkt, wenn man mehrmals barfuß darüber gegangen ist und der Kälteschock eine schwere Blasenentzündung hervorgerufen hat.

Das aktuelle Zeitalter ist das digitale Zeitalter, das aber auf das Plastikzeitalter noch zurückgreift. Texte, Töne und Bilder werden heute in kleine elektronische Teilchen zerhackt, über Kabel und Funk verschickt und durch einen Empfänger wieder zur Nachricht zusammengesetzt. Meistens besteht der Empfänger aus einem Plastikgehäuse und heißt Handy oder Computer. Zwischendrin können alle möglichen Leute mitlesen und mithören, die nennt man Google, Hacker, Mafia oder CIA.

Werden die Inhalte nicht verschickt, sondern auf einer Plastikscheibe gespeichert, spricht man von CD-Player oder DVD-Recorder. Der Nutzer dieser Geräte wird als User bezeichnet. Er ist der »Homo digitalensis«, die Spezies des digitalen Zeitalters.

Früher Neandertaler – heute Digitaler.

Die Zeit totschlagen

Zur Erinnerung: Früher gab es Schreibmaschinen, die waren – frei geschätzt – drei Zentner schwer und hatten Tasten, Typen, Walzen und Farbband. Damit konnte man schreiben – und sonst nichts! Für die jüngere bis jüngste Generation: Das war eine Art Tintenstrahldrucker, der immer nur einen Buchstaben auf einmal konnte, nur eine einzige Schriftart kannte, immer denselben Buchstabenabstand tippte und – jetzt kommt's, halt dich fest, boah, echt voll übel, krass ey – er konnte nur in einer Schriftgröße schreiben!

Das Geld für Fitnessstudio und Muskelaufbauprogramm konnte man sich beim Schreiben mit einer Schreibmaschine sparen, weil jeder Tastenanschlag mindestens vier Kilopond verlangt hat. Sechs Buchstaben ergab damals ein Sixpack! Wenn du alle 26 vorhandenen Grundbuchstaben des Alphabets benutzt hast und damit ganze Sätze ohne Abkürzungen oder Smileys geschrieben hast (was die meisten heutzutage als unleserlich empfinden), dann hat man nach einer Seite DIN A4 einen Waschbrettbauch gehabt und am Türrahmen konnte man mit den Mittelfingern zehn Klimmzüge machen. Die Sekretärinnen von damals, übrigens alle noch untätowiert, machten einen durchtrainierten, sportlichen Eindruck – nur durchs Maschineschreiben. Sie konnten ohne größere Anstrengung ein Serviertablett, vollgestellt mit Kaffeetassen, Zuckerdose, Milchkännchen und Mineralwasser, einhändig ins Besprechungszimmer an den Konferenztisch tragen, wo dicke, unbewegliche Machos sich des Anblicks erfreuten.

Schriftsteller konnten nach dem Tippen eines Romans Weltmeister im Bodybuilding werden, aber nur oben herum. Unten herum steckten ihre Streichholzbeinchen in einer flatterigen Leinenhose.

▶ Früher gab's noch Buchkultur

Heut schreibt jede achtzehnjährige Göre, die bei DSDS den siebzehnten Platz gemacht hat, ihre Lebensbeichte und verkauft das Geschmotze 100 000 Mal im Bahnhofsbuchshop. Und jeder halbgebildete Hirni schreibt einen Ratgeber, wie du noch schneller noch glücklicher und noch gelassener wirst – und gleichzeitig deine Blähungen losbekommst.

Wird Zeit, dass mal einer einen Ratgeber schreibt, wie man diese üble Form von Umweltverschmutzung beseitigen könnte.

Früher sind die Bäume noch gern gestorben für Hesse, Heine, Fontane und Frisch. Wenn du heute zu einem Jugendlichen sagst: »Mensch, lies doch mal Max Frisch!«, sagt der: »Ja, ich mag's auch frisch.«

Heute holen sich die pubertierenden Jugendlichen Fotobroschüren von Beate Uhse und sagen: »Langweilig, hab' ich alles schon mit zehn ausprobiert ...«

Früher hast du dich während der Pubertät erst in die Leihbücherei rein getraut, nachdem du zwei Stunden im Gebüsch gewartet hast und ganz sicher warst, dass keiner mehr drin war. Mit Mütze auf dem Kopf, angeklebtem Bart, knallrotem Gesicht und verstellter Stimme hat du verlangt: »Henry Miller: ›Im Wendekreis des Krebses‹ bitte – ach, und bitte noch den neuesten Sexaufklärer von Oswald Kolle!«

Dann hat der Leih-Buchhändler gesagt: »Ist leider beides verliehen – aber ich geb's morgen deinem Vater mit, der hat beides schon vorbestellt!«

Eine Löschtaste gab es an einer manuellen Schreibmaschine nicht. Wer sich vertippte, musste wieder von vorne beginnen. Das ging bei Briefen, aber nicht bei Romanen. Oder er musste »überixen« – also das falsch geschriebene Wort mit dem Buchstaben »X« überschreiben und auf diese Weise unleserlich machen. Das sah vielleicht schlecht aus! Ein so korrigierter Text wurde im wahrsten Sinne des Wortes x-beliebig.

Später gab es Korrekturpapierchen, mit denen man den falschen Buchstaben weiß einfärben konnte, um ihn danach überschreiben zu können. Wem dies zu fitzelig war oder wer eher künstlerisch begabt war, der griff zum Pinselchen, das am Schraubdeckel eines kleinen Fläschchen befestigt war, in dem sich weiße, ätzend riechende und schnell trocknende Korrekturflüssigkeit befand. Damit wurde der Schreibfehler ausgemerzt und danach überschrieben. Fast nie ging die Operation an der offenen Schreibmaschine ohne eine Mordssauerei über die Bühne, meistens, weil das Fläschchen umkippte oder einem aus den Fingern glitschte. Anschließend musste man die weiß verschmierten Finger eine halbe Stunde lang in Fleckenreiniger baden und Hose oder Kleid in die Reinigung geben. Und trotzdem waren damals 98 Prozent aller Briefe in gutem Deutsch verfasst und fehlerfrei geschrieben.

Der »Homo digitalensis« hat heute seine 64-Bit-10 Gigahertz-RAM-Workstation, mit der er jeden Fehler sofort korrigieren kann – aber in 98 Prozent aller Briefe ist trotzdem kein einziges Wort richtig geschrieben und die Grammatik erinnert an das flüssige Deutsch eines Sizilianers, der die besten 30 Jahre seines Lebens an einem Fließband in der schwäbischen Autoindustrie vergeudet hat. Und der dabei neben sich einen Kollegen von der Schwäbischen Alb hatte, der 30 Jahre lang der festen Meinung war, er spreche mit dem italienischen Kollegen ein zwar vereinfachtes, aber dennoch astreines Hochdeutsch. Du verschdehen?

An den heutigen Computern kommt die automatische Rechtschreib- und Grammatikprüfung des digitalen Schreibprogramms ins Spiel, das immer einen Namen hat, der irgendwie mit »Office« endet. Aber die automatische Rechtschreibprüfung unterkringelt gleich den kompletten Text, weil sie sich ständig von selbst auf Norwegisch oder Suaheli stellt.

Bei einem bekannten, weltweit verbreiteten Textverarbeitungsprogramm aus den USA muss man sich als »Homo digitalensis« von einer Comic-Büroklammer duzen und blöd anmachen lassen, ob man Hilfe beim Schreiben brauche.

Kein Daniel Düsentrieb, kein Superhirn, kein gescheiter Lehrer – die Programmierer wissen, dass uns »Digitalen« bereits eine dümmliche Büroklammer (sic!) intellektuell komplett überlegen ist.

Deswegen sucht Deutschland jedes Jahr im Fernsehen den »Superstar« und nicht das »Superhirn«. Warum? Weil alle Sendungsmacher mit demselben Textverarbeitungsprogramm schreiben und befürchten, dass jedes Jahr die besserwisserische »Büroklammer« auf Platz eins kommen könnte.

Früher haben die Büroklammern ihre Klappe gehalten. Und das war gut so!

Damals hat uns weder eine »Büroklammer« noch ein anderer »Assistent« beim Schreiben geholfen. Da hat man erst selbst nachgedacht und anschließend selbst geschrieben.

Heute überlegt der »Homo digitalensis«: Denken? Um Gottes willen, ich gehe doch nicht auf Ebenen, wo ich mich ü-ber-haupt nicht auskenne! Ich bin doch ein »Trial-and-error-Typ«, ein Mann von »Versuch und Irrtum«. Wobei sich der Schwerpunkt zunehmend von »try« auf »err« verschiebt. Die Welt ist immer mehr von »Erroristen« bevölkert.

Früher hat der Forschergeist den Menschen hinaus in die Natur und in fremde Länder getrieben, und sei es auch nur auf eine Wanderung durchs Siebenmühlental oder in den Stuttgarter Tierpark, der genauer in Bad Cannstatt liegt und »Wilhelma« heißt. Heute bleibt der »Homo digitalensis« zu Hause vor seinem Computer sitzen und entdeckt die Welt per Suchmaschine. Unter keinen Umständen fährt der »Homo digitalensis« in andere Länder, denn er hat gegoogelt, dass ihn dort ein Horde Skorpione totpieksen könnte, wenn ihn nicht eine Riesenschlange erwürgt, Darmbakterien mit Antibiotikaresistenz in seinem Dickdarm eine Party feiern oder ihm im Schlaf rattengroße Feuerameisen mit glühenden Fresszangen das Fleisch von den Knochen nagen. Zu Hause latscht er aber seelenruhig, ohne nach links oder rechts zu sehen, mit dem MP3-Player in der Brusttasche, verstöpselten Ohren und einer dicken Sonnenbrille auf der Nase über die Straßenbahngleise. Was soll ihm auch schon passieren? Auf seinem Smartphone hat er sicher ein App, mit dem tonnenschwere Straßenbahnen einfach weggelöscht werden können.

Trotz künstlicher Intelligenz und geschwätziger Büroklammer kann ein Computer nicht selbstständig eine E-Mail schreiben. Mensch – das geht nicht ohne Einsatz des eigenen Kopfes! Sollte man eigentlich meinen. Aber wie viele E-Mails erhält man, bei denen vergessen wurde, die Anrede umzuformulieren? Manche E-Mails beginnen mit »Lieber Christoph« und gehen in der Mitte mit »Manfred« weiter. Viele hauen ihre E-Mails inzwischen so gedankenlos herunter, dass sie ihr Geschriebenes nicht mehr erkennen und sich versehentlich selbst antworten! Ein Freund von mir hat sich so mal unwissentlich in sich selbst verliebt und den Schwindel erst bemerkt, nachdem er beim ersten Date allein im verabredeten Restaurant bei Kerzenlicht gewartet hatte.

Wenn früher jemand versehentlich seinen eigenen Brief beantwortet hätte, hätte ihn der freundliche Briefträger darauf aufmerksam gemacht und auch gleich alle Schreibfehler rot angestrichen. Oder gleich die Männer mit der Zwangsjacke mitgebracht. Das Briefgeheimnis hatte seinerzeit eher empfehlenden Charakter und durfte aus Gründen der Fürsorge jederzeit und von jedem gebrochen werden.

Vorgenannter Freund hat nach der ersten Enttäuschung beim Candle-Light-Dinner mit sich selbst ein vertrautes Selbstgespräch geführt und hat sich – nach mehreren Rendezvous – selbst geheiratet. Die Ehe hielt nicht lange und er lebt heute in Trennung von sich. Mein Freund sagt, er habe sich mit sich immer gut ver-

standen, aber die ehelichen Pflichten seien ihm nach kurzer Zeit zu langweilig geworden. Er habe immer schon im Voraus gewusst, was kommt.

Früher wusstest du auch beim Fernsehen schon im Voraus, was du sehen wirst, denn es gab nur ein Programm, und das in blauweiß oder grünweiß. Später kamen dann immerhin das Zweite und die Dritten Programme dazu, wobei man natürlich nicht alle Dritten sehen konnte wie heute, sondern nur das eine, das für die eigene Gegend zuständig war. Und das Bild wurde immerhin schwarzweiß und blieb schwarzweiß. Farbfernsehen konnte man sich gar nicht vorstellen. Der Bildschirm war klein und fast quadratisch, Spielfilme wurden mit einem breiten schwarzen Rand oben und unten ausgestrahlt.

Manche Sendungen hat man regelmäßig eingeschaltet, der Rest hat nicht interessiert. Der Begriff
»Zappen« war noch nicht erfunden. Um eines der drei
Programme sehen zu können, musste man vorher stundenlang an einem kleinen Abstimmrädchen seitlich am
Gerät drehen und die Schwester hatte die Aufgabe zu
rufen, wenn das Bild scharf war. War endlich ein Sen-
der gefunden, war die ganze Familie so glücklich, dass
nie mehr ein anderer eingestellt wurde und man zur Sicherheit immer dasselbe Programm geschaut hat. Wenn
im anderen was Interessantes kam, ging man lieber
eben zu den Nachbarn rüber anstatt am eigenen Fernseher irgendetwas verdrehen zu müssen, was dann womöglich nie mehr gutzumachen war. Heute kannst du
beliebig umschalten, trotzdem entsteht der Eindruck,
du siehst immer dieselbe Sendung.

▶ **Früher gab's noch richtig gute, pädagogisch
wertvolle Kindersendungen**

Heute gibt es bloß noch redende Badeschwämme, de-
pressive Kastenweißbrote, Kim Possible, Ben Ten, Jim-
my Neutron, Phileas and Ferb, Powerpuff-Girls, Hannah
Montana und lauter so buntes, schrilles Zeug, das epi-
leptische Anfälle auslöst.
 Früher, da gab's den Kli-Kla-Klawitter-Bus! Das Flie-
watüüt! Ratz und Rübe! Wünsch dir was! Hase Cäsar! Das
feuerrote Spielmobil, Pan Tau! Pippi Langstrumpf und Mi-
chel aus Lönneberga!
 Heute sind Kinder von dem rasend schnell geschnitte-
nen Ami-Mist so aufdreht, dass man sie zwei Wochen zur

Delphin-Schwimmtherapie nach Florida oder zum heilpädagogischen Reiten in die Lüneburger Heide schicken muss.

Früher haben wir Kinder nachmittags um fünf »Flipper« und »Black Beauty« angeschaut. Danach war man total glückselig und ist tiefenentspannt eingeschlafen. Wenn unsere Kiddies heute wegen irgendwelchen genmanipulierten Monster-Riesen-Megapower-Ninja-Schildkröten Alpträume haben und zu Stottern beginnen, gehst du mit ihnen zum Kinder-Psychologen und zum Logopäden ins Sprachheilzentrum. Die diagnostizieren »Teletubbitis extremus vulgaris« und sagen: »Sieht zwar schlecht aus, aber es gibt Hoffnung: Mit zwei Sitzungen à 80 Euro und unseren speziellen Tabletten für 150 Euro pro Wochenration kriegen wir das garantiert wieder hin – bis der Bub dann 40 wird.«

Bei uns konnte Vater im oberen Stock nicht die Sportschau ansehen, wenn wir unten bei der Oma die Serie »Daktari« geguckt haben. Irgendwie konnte unsere Antenne nur ein Signal einfangen, oder der Nachbar betrieb, ohne es zu wissen, mit seinem Kofferradio einen leistungsstarken Störsender. Also versuchte Vater den ganzen Samstag, uns Kinder von der spannenden Vielfalt der Bundesliga zu überzeugen.

Schlag sechs Uhr schaltete unten der Opa für uns den Fernseher ein. Nun saß das ganze Haus samt Mietern mit Salzstängelchen und gesalzenen Erdnüssen auf dem Sofa vor »Daktari«. Zwei Minuten später ging Vater nach oben, um Sportschau zu sehen – obwohl dies noch nie gut gegangen war. Schlagartig bekam bei »Daktari« der schielende Löwe Clarence flimmernde

Querstreifen, die ihm gar nicht gut standen und uns auf die Palme brachten. Opa stand auf, klopfte vergeblich mit der flachen Hand auf der Fernseher, ging dann zur Tür hinaus und hat die Treppe hoch gerufen: »Mach aus, wir seh'n nix mehr!«

Dreißig Sekunden später lief »Daktari« wieder einwandfrei und Papa kam mit Bier und Zigarette zu uns herunter, rauchte wie ein Schlot dicke Wolken vor den Bildschirm und versuchte, uns »Daktari« madig zu machen. Er spottete über den amerikanischen Mist, über einen Löwen, der schielt, über den vermenschlichten Affen – und alle haben im dichten Nebel von vierzig Zigaretten versucht, die Handlung nicht nur als Hörspiel mitzubekommen, sondern ab und zu einen Blick auf den Löwen Clarence zu erhaschen. Jedes Mal waren alle einschließlich Mieter nachhaltig sauer. Deswegen sparte man damals langfristig gesehen einen Haufen Geld, weil an solchen missmutigen Wochenenden auch ohne Verhütungsmittel im ganzen Haus niemand schwanger wurde.

Am Sonntag rächte sich Vater für seine verpasste Sportschau mit einer überlangen Wanderung.

Später, als Opa nicht mehr so beweglich war, bekam er eine Fernbedienung. Aber keine, wie sie heute üblich ist, mit tausend kleinen Knöpfchen, die man erstens nicht sieht, deren Funktion man zweitens nicht versteht und bei denen man drittens immer mindestens drei Knöpfe gleichzeitig drückt. Nein, die Fernbedienung meines Großvaters bestand aus einem drei Meter langen Bambusstecken, mit dem er vom Sessel aus den Knopf für das Zweite Programm drücken konnte. Es handelte sich schon um das nächste Fernsehgerät, ohne Abstimmrädchen, dafür mit drei Tasten für die drei Kanäle.

Oft kreiste die Spitze des Bambusstabs 20 Minuten um den Knopf, bis es der Opa endlich schaffte, ihn zu drücken. Wir anderen Familienmitglieder beobachteten seine Zielübungen gebannt. Und wenn er den Knopf endlich getroffen hatte, sagte einer:»Opa, schalt wieder um!« Das war die spannendste Samstagabendunterhaltung, an die ich mich erinnern kann. Die Sendungen habe ich alle vergessen.

Früher gab es im Fernsehen noch richtige Fernsehansagerinnen! Die waren wie Hostessen auf der Automesse – eigentlich nutzlos, aber Zucker fürs Auge und sympathisch.

Konnte sein, dass eine gesäuselt hat:»Liebe Zuschauer, das war die Werbung, jetzt geht's weiter mit dem zweiten Teil.« Mehr nicht! Als ob man den Unterschied nicht von selbst bemerkt hätte.

Trotzdem war es schön, weil das Fernsehen viel menschlicher war. Heute hast du nur noch irgendwelche körperlosen Stimmen, die viel zu laut das Programm anpreisen – so, als würde dir ununterbrochen ein Marktschreier direkt ins Ohr brüllen:»Liebesschnulzen! Lecker frische Liebesschnulzen! Quietschsüß und kitschig! Jetzt einschalten!«

Früher erschien die Fernsehansagerin in Jersey-Hose und weißer Nylon-Bluse, mit Dutt auf dem Kopf oder toupierten Haaren und mit einer Brille, durch die sie dich wie Nana Mouskouri mit großen, dunklen Augen angekuckt hat. Bei der Fernsehansagerin wusstest du noch, zu welchem Gesicht die Stimme gehört: Sonntags vor der »Lindenstraße« hat sie dir siebeneinhalb Minuten lang lächelnd erzählt, wer letzte Woche was mit wem hatte und wie es mit wem wie warum weitergeht. Und vor dem »Tatort« hat sie verraten, von was die Folge handelt, wer stirbt und aus welchem Grund, wann der Kommissar sich in die reiche Lady verliebt – und wer am Ende der Mörder ist.

Das war total wichtig, weil bei schlechtem Wetter oft der Empfang gestört war. So wusste man trotzdem, wie es ausgeht.

Heute ist der Empfang ja kein Problem mehr. Der TV-Konsument ist stolzer Besitzer eines Kabelanschlusses oder einer mehrköpfigen Doppelreceiver-Sat-Anlage, die per Knopfdruck jeden Satelliten auf der Welt ansteuert. So kann er auch in Deutschland japanische Spieleshows auf Arabisch mit russischen Untertiteln sehen. Früher hat dich der Vater auch beim schlimmsten Gewitter aufs Dach geschickt, um die Antenne auszurichten. Sobald du mit der Hand die Antenne berührt hast und der Empfang dadurch unten im Wohnzimmer gut war, rief Vater durch das geöffnete Fenster: »Ja, so ist es super, bleib so – neunzig Minuten, bis das Spiel VfB Stuttgart gegen Bayern München abgepfiffen ist!«

Irgendwann hat Mama eine moderne Spülmaschine bekommen. War sie angeschaltet, lieferte der Fernseher nur noch Bildschneee.

▶ **Ganz früher gab's noch nicht mal Spülmaschinen**

Meine Oma hat immer alles von Hand abgespült. In einem zentnerschweren Terrazzo-Spülbecken. Sie hat Wasser aufgekocht und dann logistisch ausgeklügelt abgewaschen: erst Gläser, Tassen und Besteck. Und mit zunehmender Verschmutzung des Spülwassers dann Teller, Schüsseln, Töpfe und Pfannen.

Dann hat sie erneut Wasser erhitzt und das gespülte Geschirr vom überflüssigen Spülmittelschaum befreit. Für das ganze Brimborium gingen locker zwei Stunden drauf.

Damals hat man noch gewusst: Dein Spülmittel ist weder sensitiv mit zarten Duftessenzen noch pH-neutral oder dermatologisch getestet. Aber es hatte halt brutalstmögliche Fettlösekraft!

Wenn moderne Paare heute »Fettlösekraft« lesen, denken sie sofort an eine Werbung für Bauchfettabsaugung.

Heute packst du das ganze Geschirr in deinen High-Tech-Geschirrspüler, der den Abwasch von zwei Tagen fasst. So lange haben die Keime und Bakterien auf deinem Teller den Sex ihres Lebens und vermehren sich um das zweihundertfache.

Ist aber wurscht, weil deine multifunktionalen Spülmaschinentabs mit neun Funktionen sowieso alles Leben gnadenlos wegätzen!

Und dann ist alles in der Spülmaschine und die Leute überlegen sich: Was mach' ich jetzt? Und weil man inzwischen dem Partner nichts mehr zu sagen hat, geht man danach mit ihm walken, golfen, joggen oder shoppen, Hauptsache, man muss sich nicht mit ihm unterhalten. Und danach zum Paartherapeuten, weil sonst auch nichts mehr geht ...

Früher ist der Opa am Schluss mit dem Geschirrtuch zur Oma gekommen, hat sie ein wenig getätschelt, hat noch ein bisschen geholfen abzutrocknen – und dann ist ihnen beiden eingefallen, dass man im Schlafzimmer mal die Klappläden reparieren müsste und dass man das jetzt doch mal eine halbe Stunde lang anschauen muss – und ihr Enkel-Kinder geht jetzt sofort heim zu eurer Mutter!

Der Bildschnee war hartnäckig. Auf den Fernseher klopfen – hoch aufs Dach, Antenne drehen: Nichts hat geholfen, so lange die Spülmaschine lief. Gut, dann ging man halt ins Kino, heute würde man ins Internet gehen. Zumindest kann man sich beim Weg ins Internet nicht verlaufen.

Eigentlich auch nicht, wenn man ins Kino des Vertrauens geht, dem einzigen in der Stadt, bei welchem die schnuckelige Tochter des Kinobesitzers die Karten abreißt. Den Weg dorthin kennt man von klein auf. Doch immer wieder verschwinden spurlos Menschen und oft tauchen sie nie wieder auf. Das ist total tragisch für die Angehörigen. Wenn früher der Vater meines Schulkameraden Klaus verschwunden ist, dann hat man ihn spätestens am nächsten Tag auf einer Parkbank gefunden, wie er seinen Rausch ausschläft. Peinlich wurde es, wenn sich seine Spur samstagnachts im »Löwen« verlor und wenn die Bank, auf der er entdeckt wurde, vor der Kirche stand und die ganze gläubige Gemeinde den tiefen Schlaf des Herrn mitbekam.

Mahlzeit!

Als moderner »Homo digitalensis« kann man überhaupt nicht mehr verloren gehen oder sich verfahren – selbst wenn man es wollte. Erstens, weil du ständig von Überwachungskameras gefilmt wirst. Und zweitens, weil selbst im billigsten Auto aus Indien serienmäßig ein Navi eingebaut ist (montiert von kleinen Kindern), das dir zwei Kilometer vor einer Kreuzung viermal mit Akzent aus dem Himalaya durchsagt, dass in zwei Kilometern eine heilige Kuh die Straße überquert.

Das hat bei einem Ausflug mit deiner Freundin dieselbe Wirkung wie früher Mutti, die in der spannendsten Gesprächsphase mit deiner Klassen-Queen sehr aufmerksam Käse- und Wurstschnittchen ins Zimmer brachte, weil sie ja nicht wusste, was das Mädchen gerne mag. Anschließend Hagebuttentee, dann Honig zum Tee, »falls die junge Dame keinen Zucker möchte«. Danach hat sie rücksichtsvoll nur noch halbstündlich den Kopf durch den Türspalt gesteckt, um zu fragen, ob noch was fehlt oder ob sie zur Abwechslung noch einen Pfefferminztee aufbrühen soll.

Heute nervt dich dein Navi derart, dass du deiner Flamme deine wilde Unabhängigkeit nur noch beweisen kannst, indem du immer genau das Gegenteil von dem machst, was das Navi sagt, bis es so sehr damit beschäftigt ist, die Route neu zu berechnen, dass es die Klappe hält.

Dann kannst du ein ruhiges Parkplätzchen suchen. Dein Mädel guckt dich auffordernd an – und genau jetzt merkt der eingebaute Abstandssensor, dass sich deine Hand gefährlich dicht unter ihrem Shirt befindet. Unverzüglich ertönt der automatische Alarm, verständigt per Mobilfunk deine Eltern, parallel dazu ihre Eltern, und schickt sofort den Notarzt los! Und bevor du deinen Schatz loslassen kannst – zack! – steht der Notarzt mit Reflexionsstreifen und Notfallkoffer in der geöffneten Autotür und sagt: »Ah, sehr gut, Sie haben schon mit der Mund-zu-Mund-Beatmung begonnen.«

Kein Wunder, dass die Geburtenrate rückläufig ist – schuld daran ist allein der allgegenwärtige Elektronik-Mist!

Es sollte mal ein praktisches Navi erfunden werden, mit dem man sich zum Beispiel in seinem Auto zurechtfinden kann. »Badesachen im Kofferraum, Papiere unter der rechten Fußmatte, zwischen den Hintersitzen angebissenes Schinkenbrötchen vom 24. April 2011, gebrauchtes Papiertaschentuch im Handschuhfach.«

Früher ist man beim Autofahren ohne Navigationsgerät ausgekommen. Damals war das Navi eine verknitterte, halb zerfetzte, notdürftig mit Tesafilm geklebte Straßenkarte, die der Opa kurz nach dem Zweiten Weltkrieg von einem heimkehrenden Landser gegen Zigaretten eingetauscht hat – da waren zwar deutlich die Frontlinien eingezeichnet, aber noch lang nicht alle Autobahnen.

Die Navistimme kam nicht von vorne, sondern von der Seite, denn da saß Mutti auf dem Beifahrersitz. Sie sagte zum Beispiel mit gleichfalls teilnahmsloser Stimme: »Ach, du, übrigens, da hätten wir jetzt

aber links abbiegen müssen!« Und dann der Vater mit einem schnellen Seitenblick: »Halt' halt die Karte richtig rum – Norden ist oben!«

Dann hat Papa die Karte an sich gerissen und sich so minutenlang selbst die Sicht nach außen verbaut.

Wenn Vater mit Mutter-Navi auf dem Beifahrersitz den Weg nach Italien nicht gefunden hat, mein Gott, dann blieb man halt gereizt im Allgäu. Kein Problem! Seine grundschlechte Laune konnte man schließlich überall ausleben und Gasthäuser, die nur 20 Mark für ein Familienzimmer mit Stockbetten wollten, waren damals noch leicht zu finden.

Ähnliche Angebote findest du heute nur noch in Backpacker Hostels, wie heute die City-Jugendherbergen heißen. Allerdings sind die einzelnen Stockbetten heute übers Internet miteinander vernetzt und mit einem kleinen Bildschirm versehen.

Heute gibt es Navis für Skater, Radfahrer, Segelflieger, Taucher, U-Boot-Fahrer und für Wanderer. Im Schwarzwald hörst du dann mitten im Wald eine Kuckucksuhr schlagen und eine Stimme ruft: »Kuckuck, Kuckuck! Blauer Punkt zweihundert Meter geradeaus, dann nach rechts abbiegen und roter Raute folgen.«

Wenn du mal ein paar Meter in den Wald abbiegst, weil du pinkeln musst, rechnet er sofort die Route neu aus und empfiehlt: »Folge dem roten Pfeil.«

Das einzige wirklich wichtige Accessoire, das man sich früher für das Auto geleistet hat, war ein mit dicker Nadel gestrickter Bezug fürs Lenkrad. Nicht wegen der Verschönerung des Autos, sondern als mit dicker Wolle selbstgestrickter Airbag, falls das angetraute Navi auf dem Beifahrersitz sich zu spät melden sollte.

Viele hatten noch einen Wackel-Dackel und einen gehäkelten Überzug für die Rolle Toilettenpapier auf der so genannten Hutablage, wo nie ein Hut lag. Opel-Fahrer behielten den sowieso immer auf, damit man schon von weitem gewarnt war.

Und wenn der Vater im Sommer beim Familienfest nach zwei Flaschen Trollinger gute Laune hatte, setzte er sich lässig und locker ins Auto. Gurt gab es noch nicht, und wenn es ihn schon gab, dann gab es noch keine Anschnallpflicht. Anschnallen war auch nicht notwendig, denn Vater hielt doch mit der einen Hand das Lenkrad und mit der anderen eine Zigarette, die er immer wieder kurz zum Fenster hinaushielt, um die Asche vom Fahrtwind wegblasen zu lassen.

Papa schnallt sich auch heute noch nicht an, er sagt, es stört ihn beim Telefonieren, während er raucht.

Außerdem hält er den Sicherheitsgurt für eine Kommerzidee der Sicherheitsgurt-Mafia, die uns aus Profitgründen verschweigt, dass man beim Unfall ohne Gurt viel schneller aus dem Auto kommt. Als meine Schwestern im familiären Sicherheitsrat entschieden haben, dass er nun ein Auto bekommt, das piepst, wenn er nicht angeschnallt ist, hat er sich murrend ergeben. Wenige Tage später habe ich entdeckt, dass er den Gurt kurzerhand durchgeschnitten und den Haken einzeln ins Gurtschloss gedrückt hat.

Wie Papa früher die Gangschaltung betätigt hat? Dies ist bis heute ein Familiengeheimnis. Vermutlich hatte das Auto Lenkradschaltung und er fuhr beim Schalten freihändig. Es hieß ja sowieso: Bei Alkohol Hände weg vom Steuer!

Wir Kinder haben nie gesehen, ob und wie er die Gänge eingelegt hat. Denn wir saßen im offenen Kofferraum und haben auf der Nachhausefahrt die Beine über das Nummernschild baumeln lassen. Und bei jedem Schlagloch hat's uns den Kofferraumdeckel ins Genick gehauen! Das kann man sich heute nicht mehr vorstellen.

Heute kommt der Vater schon ins Kittchen, wenn er sich einen solchen Familienausflug auch nur vorstellt. Und kriegt dann in seiner vernetzten Zelle die familienfreundliche Mailadresse: papa@knast.de

Wenn heute ein Digitaler in eine Polizeikontrolle kommt und der Beamte fragt ihn:»Haben Sie Drogen oder Alkohol?«, antwortet der moderne Mensch gereizt:»Hau bloß ab, du Schnorrer!«

Unsere Familie ist früher so, wie beschrieben – wir Kinder im Kofferraum, nach dem Familienfest – in eine Polizeikontrolle geraten. Und der Polizist hat gefragt:

»Sie, wissen Sie eigentlich, dass Sie gerade 120 gefahren sinn? Erlaubt sinn 60!«

Antwortet der Vater: »Kann sein, Herr Wachtmeister, ich sage ihnen eines, meine Frau, die bruddelt schon die ganze Fahrt an mir rum, ich kann mich auf überhaupt kein Verkehrsschild mehr konzentrieren!«

Da sagt der Polizist mitfühlend: »Ah ja, dann verstehe ich das – ich habe auch so eine daheim! Haben Sie Alkohol getrunken?«

Entgegenet der Vater: »Nein, awa, bloß 13 Schorle!«

Sagt der Polizist: »Das lob' ich mir, verantwortungsbewusste Verkehrsteilnehmer! Dann kommen Sie gut heim ... Ach, eines noch: Ihre Kinder im Kofferraum, die sollen bitte nicht so laut schreien, da wachen die Nachbarn auf!«

Darauf der Vater: »Herr Wachtmeister, ich komm' gerade so schlecht raus, ich hab' so pelzige Füße, würden Sie den Krakeelern im Kofferraum bitte gschwind eine auf d' Gosch haue?«

Und der Polizist: »Mach ich! Gute Fahrt noch!«

▶ **Früher gab's noch keine Alkopops**

Wer sich heute betrinken will – kombiniert mit dem guten Gefühl, dabei eigentlich ü-ber-haupt keinen Alkohol zu trinken –, der greift zum Alkopop: Limonade mit Seligmacher, läuft runter wie frisch gepresster Traubensaft, und konsumiert hat man eine Flasche Wodka ...

Früher, da hätte man noch gedacht: Alkopop, das muss eine Musikrichtung sein. Heut gibt's das beim Flatrate-Saufen.

Ehrlicherweise muss man sagen, dass Alkopops auf dem Land erfunden worden sind, und zwar schon früher. Wenn da eines der sieben Kinder nachts nicht so recht einschlafen wollte, hieß es:»Komm, da machen wir nicht groß rum, tun wir ihm ein Schnäpsle in den Milchschoppen rein!«

Früher konnte man sogar Autofahrten im Kofferraum unternehmen – also rein fahrtechnisch gesehen. Damals waren die Straßen ab acht Uhr abends automatisch autofrei! Heute gibt es dafür extra einen europaweiten autofreien Tag.

Wer es nicht glaubt, der kann an diesem Tag einfach morgens in den Stau rausfahren und den Fahrer im Auto nebenan fragen, wo er mit seiner Familie den autofreien Tag verbringen und sich vom Autofahren erholen möchte.

Dabei war gemeint, dass man an einem Tag das Auto mal stehen lässt. Es heißt ja, dass besonders Rentner das Auto gern mal stehen lassen – vor allem wenn die Ampel grün ist ...

Früher ist man beim Ausflug ins Grüne in eine Wirtschaft eingekehrt und Papa sagte schneller als alle anderen zum Kellner:»Wir brauchet keine Karte, wir nehmet vier Gläser süßen Sprudel, ein großes Bier, ein kleines Bier und sechs Mal Saitenwürstle mit Brot!«

Manchmal hat er für sich auch einen warmen Leberkäse mit Kartoffelsalat bestellt. Das war auch damals schon ein Fleischkäse ohne Leber. Was bestellt und auf den Tellern an den Tisch gebracht wurde, das wurde gegessen und bezahlt. Das war guter Brauch und gute Sitte. Und ein Butterbrot kostete extra.

Heute gibt es in Restaurants, die meinen, sie wären supermodern, so genannte All-you-can-eat-Buffets. Da stehst du zwei Stunden an so einer Fresstheke an, und genau dann, wenn du endlich dran bist, hat der Typ vor dir die Schüssel leer gemacht, die du seit einer halben Stunde und aus 50 Metern Entfernung im Auge hattest und auf die du scharf warst. Dann nimmst du von 25 exotischen Sachen kleine Probierhäppchen. Bis du endlich weißt, was dir davon schmeckt, bist du pappsatt.

Bei Saitenwürstle mit Kartoffelsalat braucht man nicht probieren, die können sofort auf den Teller.

Was du früher von der Speisekarte bestellt hast, das kam und hat auch geschmeckt. Normal war »gutbürgerlich« – ergänzt durch die exotische Variante in mehreren Abstufungen: Stufe eins war Italienisch, dann kam Jugoslawisch und Stufe drei war Chinesisch. Höher ging nicht. So etwas wie Afrikanisch essen gehen war völlig unvorstellbar! Da hättest du als kleiner Bub gesagt: »Wie jetzt, Afrikanisch? Der Papa sagt doch immer, die haben in Afrika nichts zu essen?«

Das ist ja ohnehin pervers: Deren Kinder verhungern, unsere verfetten. Die Geburtenstatistik verrät uns: Wir haben in Deutschland immer weniger Kinder, was unsere Sozialsysteme schwächt, und die werden immer dicker. Unverbesserliche Optimisten gehen so weit zu sagen: »Wenigstens die Gesamtkindermasse im Land hält sich!«

Weiterer Vorteil, von dem ich kürzlich gelesen habe: Dicke Kinder lassen sich schwerer kidnappen.

Aber heute kriegst du nicht nur afrikanisches Essen, sondern Spezialitäten von Kontinenten, deren Namen du noch nie gehört hast. Das Einzige, was heute noch genauso ist wie früher – das wirklich einzige: Der Fraß aus England ist immer noch ungenießbar.

Es gab damals auch keine Extrawürste für Vegetarier – beziehungsweise keine Extraschmecktwiewurstgrünkernbratlinge. Es wusste ja kein Mensch, was das ist, ein Vegetarier! Zu denen hätte man damals gesagt: »Beiß halt in einen Apfel – oder gleich ins Gras!«

Wenn unsere Eltern damals gesagt hätten: »Komm, wir gehen vegetarisch essen!« – hätten wir Kinder zurückgefragt: »Wo liegt denn dieses Land, Vegetarien?«

Außerdem war Fleisch ein Stück Lebenskraft und gehörte einfach dazu. Essen ohne Fleisch, das wäre gewesen wie Kaffee ohne Erdbeerkuchen.

Meine Schwester hatte Ende der siebziger Jahre einen vegetarischen Freund. Wenn der beim familiären Essengehen dabei war, sagte er zum Wirt: »Ich hätte gerne etwas ohne Fleisch!«

Der Wirt fragte zurück: »Wie? Wie soll denn das gehen, ohne Fleisch?«

Da war es den Eltern schon unendlich peinlich, dass sie vor dem Wirt zugeben mussten, dass ihre Älteste einen Perversen angeschleppt hatte. Doch der Vegi antwortete unverdrossen: »Ha ja, irgendwas Fleischloses halt.«

Der Wirt schüttelte verständnislos den Kopf, warf meinen Eltern einen mitleidigen Seitenblick zu und sagte tonlos: »Gut, ich kann ihnen halt eine Tasse Mehl bringen. Oder Spätzle und Kartoffelsalat – und wirklich kein einziges Saitenwürstle dazu?«

Der Freund meiner Schwester war halt ein eingefleischter Vegetarier. Keiner weiß, was aus ihrem Ex geworden ist. Ich schätze, er ist über die Jahrzehnte im Schwabenland einfach verhungert.

Heute wird dir in jedem Restaurant eine Speisekarte geboten mit 453 fleischlosen Mahlzeiten von Kürbissüppchen über Kressesalat bis Soja-Tofu-Schnitzel mit handgeschrotetem, dinkelfreiem Sojahirsesößchen und immer auch gerne mit asiatischem Gemüse aus dem Wok. Ohne Sprossen geht heute gar nichts mehr! Niemand denkt dabei noch an eine Leiter.

Und ganz hinten in der Speisekarte mit einem Einband aus Holzfurnier, genau vor den verteufelten Spirituosen, kommt endlich die Seite für die unverbesserlichen kannibalisch-animalischen Fleischesser. Zur Strafe bietet sie auch nur drei Fleischgerichte an: erstens Schnitzel, zweitens Rostbraten, drittens mit Brot. Früher hieß das in der gutbürgerlichen Gaststätte Tellerschnitzel. Das kam in der Beliebtheit gleich nach einer Tellersulz. Dazu hat Mama Dinge aus dem Kühlschrank, die dringend weg mussten (heute würde man sagen, bei denen das Mindesthaltbarkeitsdatum eklatant überschritten war), auf einem Teller festgeklebt und mit einer gallertartigen Flüssigkeit umgossen, die im Kühlschrank so fest wurde wie Wackelpeter, also Götterspeise. Der ganze Aspikteller konnte dann gekühlt wieder bedenkenlos ein paar Tage auf seinen endgültigen Verzehr warten.

Heute bekommst du beim Fleischessen so ein schlechtes Gewissen, dass dir die Lust am Essen vergeht. Du bekommst das Bedürfnis, sofort in eine Kirche zu rennen und für deine Fleischeslust um Vergebung zu bitten.

Wenn mein Freund zuhause eine Rote Wurst im Brötchen essen will – schickt ihn seine Frau auf den Balkon. Mein Schwager isst seine Wurst mittlerweile heimlich auf dem Klo, aber gut, das ist eine andere Geschichte. Wer in einem Restaurant Fleisch essen möchte, wird in Zukunft mit seinem Teller auf die Straße zu den Rauchern geschickt. In zehn Jahren pappen sie dir zur Entwöhnung – statt Nikotinpflaster – eine Scheibe Salami auf den Arm. Wenn du heute nicht als Spießer gelten willst, darfst du eben nichts essen, was vom Spieß kommt! Da *musst* du Vegetarier sein – wenn nicht sogar Veganer oder gleich Steinbeißer.

▶ Früher gab's noch keine Dunkelrestaurants

Wer heute seiner Freundin etwas ganz Besonderes bieten möchte, der geht mit ihr in ein Dunkelrestaurant und lädt sie zu einem »Dinner in the Dark« ein. Das ist der Gipfel im Freizeitpark-Zeitalter, dass man in völliger Dunkelheit sein mediterranes Menü verschlingt.

In einem Dunkelrestaurant ist es wie daheim, wenn deine Frau ein neues Rezept ausprobiert: Du weißt zwar nicht, was auf dem Teller liegt, musst es aber ständig loben.

Früher war es der Gipfel der Exotik, wenn du zum Italiener gegangen bist. Vorne haben alte Gastarbeiter aus Sizilien in einer verrauchten Kneipe Domino und Karten gespielt, so lange der Fernseher Fußball übertragen hat. Und du saßt im Nebenzimmer ganz idyllisch unter vier Neonröhren und hast Spagehtti Bolognese gegessen für 5 Mark 90, während Adriano Celentano das Blau des Himmels besungen hat. Der Tisch hatte ein klebriges Wachstischtuch und in der Küche stand die Mama der Großfamilie und hat lauter geschrien als gekocht.

Bei dem hellen Neonlicht hattest du nicht das Gefühl, du würdest Scaloppina essen, sondern beim Tierarztstudium in der Anatomie ein Kalb sezieren.

Von Romantik keine Spur, und trotzdem fand man's super!

Früher ist in so einem Laden vorne auch gern mal ein Schuss gefallen, dann hat der Vater gesagt: »Kinder, esst weiter, das ist bloß die Mafia, das geht uns nix an!«

Heute schaut man nicht mehr weg, wenn die Mafia kommt, sondern sagt: »Grüß Gott, Herr Hochbauamt-Dezernatsleiter!«

Früher war es egal, ob die Eltern in der Wirtschaft Spießbraten oder Schaschlikspieß aßen, sie waren a priori Spießer und zählten für dich zum Establishment, das abgeschafft gehörte, aber erst nach Begleichung der Rechnung.

Ab einem gewissen Alter saß der Sohn dem Papa am Tisch diametral gegenüber. Lebensinhalt damals war, Krach mit Vater, Lehrer und Konrektor anzufangen. Denn wer mit solchen Personen gut auskam, war in der Clique unten durch und durfte nicht mehr mitmachen beim Flaschendrehen, dem einfachsten Spiel der westlichen Hemisphäre. Man musste nur anfangs beiläufig dafür sorgen, dass man geschickt gegenüber der Klassenschönheit saß. Der Rest hieß abwarten, weil es keine gebogenen Flaschen gab. Auf wen die Flasche zeigte, der durfte küssen, und zwar diejenige, auf die der Flaschenboden deutete. Ich werde nie vergessen, wie bei der Klassenparty der Gemeinschaftskundelehrer mal mitspielen wollte beim Flaschendrehen und die Seckel es geschafft haben, dass ich ihm direkt gegenüber saß. Alte Geschichte, weg damit.

Als Filius wusste man damals eines todsicher: Man wollte alles, bloß niemals so werden wie sein eigener Vater. Auf diesen Generationenkonflikt gehen letztendlich die großen Studentenrevolten zurück. Heute fahren Vater und Sohn zusammen mit dem Aluroller ins Fitnessstudio und abends gemeinsam zum AC/DC-Konzert – die Eintrittskarten sind ein Geburtstagsgeschenk vom einen an den anderen oder vom anderen an den einen.

Von wegen Generationenkonflikt – die Alten und die Jungen teilen alles miteinander! Bis auf eine einzige Ausnahme: Manchmal versucht zwar der Vater, die Partnerin vom Sohn rumzukriegen – auf die Idee würde der Junge beim Alten aber nie kommen.

Viele Väter geben ihren Sprösslingen sogar Schützenhilfe, wenn es darum geht, mit einem Mädchen anzubandeln. Meistens sind die Tipps aber wertlos, weil du ja nicht so eine wie deine Mutter zur Freundin haben willst.

Dennoch, dass der Vater dir kumpelhaft bei deinen Schritten zum richtigen Mann beisteht, das wäre früher undenkbar gewesen. Wenn damals deine Eltern über deine Freundin gesagt haben: »Das ist jetzt aber mal zur Abwechslung ein nettes Mädchen, die gefällt uns!«, dann hast du vorsichtshalber sofort Schluss gemacht.

Beim Gemeinschaftskundelehrer haben sie gesagt: »Gut, der ist nicht so hübsch wie die letzte, aber das ist deine Chance, so kannst du das Abi schaffen!«

Wo sich früher auf jeden Fall die gemeinsamen Wege von Eltern und Kindern trennten, das war beim Musikgeschmack. Das ist sicher teilweise auch heute noch so. Was die Kinder gerne hören, ist einfach was anderes als Beethoven, Blasmusik, Leonard Cohen oder Cat Stevens. Beruhigt hat sich das Problem, weil es heute eine überschwemmungsgroße Auswahl an Kopfhö-

rern und iPods gibt. Laut hört doch heute kaum mehr jemand Musik, außer im Konzert.

Schallplatten hingegen, diese schwarzen, flachen Dinger, sollen ja bei HiFi-Nerds wieder modern sein. Früher gab's nichts anderes und im Frühjahr musste man sich immer neue Platten kaufen, weil man die alten im Laufe des Winters mindestens einmal auf dem Heizkörper vergessen hat. Dann bestand die Platte nicht nur aus Rillen, sondern auch aus Wellen. Heute hören die Eltern noch CDs und die Jungen haben gar keinen CD-Player mehr, weil ihnen die aus der Tauschbörse downgeloadeten MP3-Files und die YouTube-Musikvideos und die Internet-Streams völlig genügen. Musik kommt aus der Steckdose.

Früher hast du in der Wohngemeinschaft auf der Matratze auf dem Boden deines chaotischen Zimmers nur Musik gehört, wenn dazu was geraucht wurde. Dann hast du dich mit deinem Mädchen auf der Liegestatt geaalt und die Revolution geplant. Gehört wurde Hannes Wader oder Franz-Josef Degenhardt – konnte man zwar nicht drauf tanzen, aber war ein Muss, wenn dich Kommilitonen vor oder nach einem Sit-In oder einer basisdemokratischen Diskussion besucht haben. Bob Marley ging erst, nachdem der Joint schon mindestens einmal rumgegangen war. Für Bob Dylan musste er schon zweimal rum sein. Und so was wie ABBA wäre in deiner Studentenzeit ein ganz klarer Verstoß gegen den Musikkodex gewesen! Wenn rausgekommen wäre, dass du ABBA hörst – da hättest du nie mehr auf eine Demo oder Hausbesetzung mitgehen dürfen und keiner hätte dir mehr Che-Guevara-T-Shirts verkauft.

Ganz schlimm war es, wenn dich deine Liebste unverhofft auf deiner Bude besucht hat. Dann hast du ganz panisch deine ABBA-Platten in den Schrank geworfen, solange sie auf der Toilette war, um sich kurz frisch zu machen. Und wenn dann ausgerechnet deine Mitbewohnerin – mit der du ja eigentlich noch ein bisschen zusammen warst – heimgekommen ist, dann gute Nacht. Dann hat sich die neue Liebe kurzzeitig im Schrank versteckt, ist sofort schreiend wieder rausgekommen wegen der ABBA-Platten, »ABBA, er hört ABBA!«, dann hat die alte Liebe geschrien, dann haben beide geschrien, und am Schluss bist *du* aus dem Zimmer rausgeflogen – und die zwei haben deine Bude kurzerhand zur Mädchen-WG umfunktioniert. Und alles bloß, weil dir heimlich ABBA gefallen hat!

Das hatte nichts mit dem Generationenkonflikt zu tun: ABBA war Schlager, so was hat man nicht gehört, nicht mal die Eltern – das war den Linken zu spießig und den Spießern zu links.

Schlager hatte damals auch noch ein ganz anderes Image: Das war eine Mischung aus Multikulti und Freakshow – mit Paillettensakko überm nackten Oberkörper, Trichterhose, Lederleggings und Riesenafro. Heute fällst du damit gar nicht auf, weil jeder so herumläuft. Schlager, das waren Vicky Leandros, Michael Holm und Mireille Mathieu – oder gleich Ausnahmetalente wie Franz Beckenbauer und die deutsche Fußball-Nationalmannschaft. Oder der Weltklassehürdenläufer und Hit-Produzierer Martin Lauer, der neben anderen Erfolgen mit dem Hit »Taxi nach Texas zu Bill« unsterblich wurde. Und natürlich Jürgen Drews mit »Barfuß durch den Sommer« – und als dann die Stelle kam: »Schreib dem Chef einen Gruß, er soll dein Gehalt überweisen«, hat der Vater gesagt: »Mach aus – der ist ja Kommunist!«

Und deine Kommilitonen haben gesagt: »Mach aus – der ist ja voll Establishment!«

Schlager galt als Heile-Welt-Musik, und von dir als Student hat man schließlich erwartet, dass du dich politisch engagierst – Watergate von Nixon statt Waterloo von ABBA.

Heute wäre das wurscht, weil die Jugendlichen heute sowieso kaum noch politisch engagiert sind. In meiner Jugend sind wir für unsere Überzeugungen auf die Straße gegangen. Das war wie Generationenkonflikt – nur dass du statt gegen die Eltern gegen Vater Staat aufgestanden bist.

Heute laden Wohngemeinschaften sich gegenseitig ein, um gemeinsam bei Sushi-Platten, Bio-Limonade und Tannenzäpfle-Bier den »Eurovision Song Contest«, »Germany's Next Topmodel« oder »Bauer sucht Frau« anzuschauen. Oder sie gehen gleich zum Public Viewing (Synonym laut Duden: Rudelgucken) in ihre Stammkneipe, wo sich alle Gäste schon vom gemeinsamen Tatort-Viewing kennen.

Ferienzeit ist Reisezeit

An Ostern haben die Menschen früher kilometerlange Friedensmärsche im Parka unternommen oder Lichterketten organisiert. Heute organisieren sie höchstens den Fernsehabend. In den Nachrichten sehen sie den Demonstranten in aller Welt zu und sagen: »Hat man erforscht, soll man nicht machen – das schlägt auf die Gelenke!«

Und um gegen die TV-Werbung zu protestieren, holen sie sich während der Werbeblöcke ein neues Bier aus dem Kühlschrank.

Wir haben uns früher gewehrt gegen alles mögliche – gegen Atomkraftwerke, Wiederaufbereitungsanlagen, Straßenverbreiterungen, Krötenüberfahren. Gegen so was geht heute kaum noch jemand auf die Straße – weil er Aktien hat vom Bauträger oder sein Vater Stadtrat ist und den Mist mitgenehmigt hat.

Außer bei Stuttgart 21, da sind alle auf die Straße gegangen, Alt und Jung. Und dies nicht nur, weil sie keine Aktien von der Deutschen Bahn AG hatten.

► **Früher gab's noch Bahnsteigkarten**

Die musstest du lösen, wenn du bloß auf den Bahnsteig wolltest. Bei den Montagsdemos hätte man mit sowas das ganze Stuttgart-21-Projekt gegenfinanzieren können.

Eine Bahnsteigkarte, obwohl der Bahnsteig überhaupt nirgendwo hingefahren ist!

Und Fahrkarten hießen früher noch Fahrkarten, heute heißen sie Ticket. Obwohl sie gar nicht ticken – die ticken doch nicht richtig bei der Bahn!

Fahrkarten waren kleine Kärtchen aus Pappendeckel, ungefähr so groß wie eine Streichholzschachtel – die waren so dick, dass der Fahrkartenknipser, der in einem kleinen Häusle saß, nach einer Schicht Löchleknipsen drei Wochen lang mit Sehnenscheidenentzündung und Gips an der Hand rumgelaufen ist.

Die ausgestanzten Löchle hat er für seinen Sohn als Konfetti gesammelt. Wenn der das nach anderen Kinder geworfen hat, hatten die ein Loch im Kopf und mussten genäht werden!

Und dieser Fahrkartenknipser hat damals auch Bahnsteigkarten geknipst. Denn früher waren die Bahnsteige noch abgesperrt. Um die Oma am Zug zu verabschieden, hätte man Geld bezahlen müssen. Also hat man sich vor der Sperre auf Wiedersehen gesagt und hat von außen zugeschaut, wie Großmutter in den falschen Zug eingestiegen ist.

»Ja, Gott«, dachte man da bei sich, »dann lernt sie auch mal was anderes kennen!«

Früher haben sich die Menschen zu Tausenden an Gleise gekettet, um gegen Castor-Transporte zu demonstrieren. Nicht nur eine Handvoll, die als Protestform das »Schottern« entdeckt.

Das waren damals noch Demos!

Du hast wochenlang illegal gedruckte Handzettel an der Uni verteilt und unter der Hand weitergegeben, damit die Polizei nichts davon mitkriegt. Am Abend vor der Demo hast du dich getroffen. Jeder hat eine Flasche Schnaps mitgebracht und zwei Mädchen, und dann hast du die ganze Nacht lang Banner und Transparente gemalt – unter anderem.

Heute scheitert ein Protestmarsch oft schon an drei Fragen: Erstens: Was zieht man dazu an? Zweitens: Wer macht das Catering? Und Drittens: Gibt es eine Chill-out-Zone?

Demos werden heute an der Polizei vorbei zusammengetwittert oder über das Smartphone organisiert. Da läuft in der Nacht niemand mehr mit Plakaten und einem Eimer Tapetenkleister durch die Straßen, um die Stadt vollzuplakatieren. Heute sitzt eine Aktionsgruppe mit Laptop und Internetanschluss in einem Hinterzimmer und mobilisiert die Massen.

Doch der Erfolg für eine Massenbewegung ist noch lange nicht garantiert. Der menschliche Faktor ist nämlich unberechenbar. Zum Beispiel wird eine Facebook-Gruppe angelegt, bei der man auf einen Schlag alle Teilnehmer einsehen kann mit Namen, Anschrift, Geburtsdatum, Blutgruppe und Sozialversicherungsnummer. Zur Demo kommt dann aber nur ein Viertel der Webseitenbesucher, weil sie gedacht haben, es reicht, wenn sie auf der Facebook-Seite anklicken: »Gefällt mir«.

In Frankfurt wurde ein ganzer Wald gerodet, um drei Hangars für drei Riesenflugzeuge zu bauen – und es standen 43 Hansel mit Schild am Bauzaun: »Sollte man nicht machen!« Auf ihrer Webseite hatten die aber Tausende von Klicks.

Früher war Demo Ausnahmezustand! Zehntausende kamen von überall her zusammen, haben Krach gemacht mit Tröten, Trommeln und Megafonen und den Verkehr in der Stadt komplett lahmgelegt. Heute werden Demos einmal die Woche abgehalten mit immer den gleichen 15 Gesichtern am gleichen Platz – die Stadt weiß Bescheid und leitet den Verkehr einfach dauerhaft um. Und wenn sich mal ein paar Nasen dazuverirren, die gegen was ganz anderes demonstrieren, lässt man sie einfach mitmachen und ist dann eben gegen beides – selbst wenn es die Leute von der Gegendemo sind.

Die Massenbewegung bei Stuttgart 21 gegen den unterirdischen Bau des Hauptbahnhofs mit dem Motto »Oben bleiben!«, das lange auch für den VfB Stuttgart gepasst hätte, breitete sich jedoch weniger über Twitter und Facebook aus als landestypisch durch Mund-zu-Mund-Propaganda in den Weinstuben. Viele haben den Trinkspruch »Hoch die Tassen!« beim Anstoßen als »Hoch die Trassen!« verstanden. Deswegen waren so viele ältere Männer unter den Demonstranten.

Früher war die Welt auch noch viel überschaubarer – du hattest ganz klare Feindbilder. Auf den Transparenten stand »Regierung go home!«, »Nieder mit dem Kapitalismus!« oder »Atomkraft? Nein danke«. Wenn du heutzutage gegen Kernenergie protestierst, wird im Fernsehen vor der Berichterstattung eingeblendet: »Diese Demo wird Ihnen präsentiert von Ihrem Stromlieferanten, der sich auch für den G8-Zug in Afrika engagiert.«

Gerade die politische Atom-Wende der großen Parteien in den Jahren 2000 (raus), 2010 (rein) und 2011 (raus) hat für Verunsicherung gesorgt. Welche Partei vertritt jetzt eigentlich deine Position, und dies nicht nur in der Atompolitik? Wenn du dich politisch engagieren möchtest und dabei für etwas eintrittst, kannst du nicht mehr wissen, ob dich deine Partei nicht morgen inhaltlich hängen lässt. Oder du kämpfst seit Jahren gegen etwas – und plötzlich gehört diese Position zum Regierungsprogramm.

Kein Wunder, dass es keinen Generationenkonflikt mehr gibt, weil die Vertreter der älteren Generation sich inzwischen so an die jüngere Generation heranschleimen und anwanzen, dass sich die Positionen schlicht und einfach verwischen. Unterschiede gibt es auf jeden Fall noch im Piercing und bei Tätowierungen, wo die meisten Eltern dann doch noch Angst vor dem Gang ins Tattoostudio verspüren. Waren früher Tätowierungen verpönt und Berufsgattungen wie Seeleuten oder Knastbewohnern vorbehalten, trägt heute sogar die Gattin des Bundespräsidenten ein Tattoo am Oberarm. Zumindest ist nur dieses offiziell bekannt geworden. Wer von mehr weiß, heißt Christian, ist Ex oder Fremdgänger.

Christian Wulff ist Politiker. Als Politiker sieht man gern mal alt aus. So wie Althaus, Dieter...

▶ **Früher gab's noch ganz normalen Wintersport**

Heute bestehen Skier aus kohlefaserverstärktem Kunststoff aus der Weltraumforschung und heißen »Carver«. Die haben eine Freeflex Pro 14 Sicherheits-Bindung mit ultimativer Auslöse-Performance – grammgenau auf dein aktuelles Körpergewicht eingestellt. Du trägst Multifunktions-Goretex-Skiunterwäsche mit kontrollierter Klimasteuerung und eine Sonnenbrille von Gucci. Mit dem Geld für die Ski-Grundausstattung von heute hat man sich früher ein neues Auto gekauft!

Früher waren Skier noch aus Holz mit Schlaufenbindung. Wenn es dich damals auf der Piste aufs Maul gehauen hat, hast du dir garantiert sämtliche Knochen unterhalb vom Knie ausgerenkt, Bänderriss inclusive.

Du bist damals einfach im Schiesser-Feinripp, angetan mit Ski-Hose, Nicki-Pulli, Anorak, Zipfelmütze und Lederstiefel den Buckel runtergerutscht. Den du vorher – ohne Lift, aber mit Ski – erst einmal mühsam im Grätenschritt erklimmen musstest. Und weil das Hunderte anderer genauso gemacht haben, haben sich die Skifahrer damals ihre Abfahrt noch selber präpariert, ohne Pistenraupen. Und man ging dann zum Skifahren, wenn es auch geschneit hat.

Heute verwandeln Millionen von Schneekanonen ab September Hunderttausende Liter Trinkwasser unter Einsatz von Millionen Kilowattstunden Strom in Kunstschnee. Und 450 PS starke Pistenraupen walzen ihn mitten in der Nacht bei grellstem Flutlicht nieder. Damit ihn am nächsten Tag die Pistensäue wieder runtersauen können.

Früher bist du zum Skifahren ins Allgäu oder in den Bregenzer Wald gereist, heute geht's für zwei Tage zum Heli-Skiing in die kanadischen Rocky Mountains.

Schnee, das hieß früher: Schlittenfahren für die Kleinen und Skifahren für die Großen. Heute betreibt man Snowkiting, Snowtubing, Skijöring, Schneeschuhwandern, springt Big Air, firngleitet und fährt wie der Wilde Gleitschuh, Snowboard, Slopestyle, Zipfybob, Fun-Carver und Snowscoot.

Und die einzigen zwei Gründe, weshalb wir Männer diesen ganzen teuren, umweltfeindlichen Unsinn immer noch mitmachen, sind:

1. Die vier herrlichen Hefeweizen beim Après-Ski und:
2. der irrige Glaube, es könne *einmal* so ein Schneehaserl direkt vor uns hinfallen und sich beim Aufhelfen schlagartig ausgerechnet in uns verlieben.

Mit den politischen Parteien ist es wie mit den Fernsehsendern: Früher hat es nur drei gegeben und gut war es: CDU/CSU, FDP und SPD. Mehr Unglück hat der mündige Bürger nicht gebraucht. Inzwischen hast du so viele Parteien wie TV-Kanäle und alle nerven bloß. Und schreien: »Wir senken die Steuern!« – »Nein, *wir!*« – »Nein, *wir!* « – »Nein, *wir!*« Gesenkt wird trotzdem nichts, und wenn du fragst warum, heißt es: »Ja, *wir* hätten schon gewollt – aber doch nicht mit *denen!* «

Früher hatten die Parteien noch unterschiedliche Programme. Die eine Partei wollte die Steuern senken, die nächste Partei sie erhöhen, die dritte sie ganz abschaffen. Auf einmal kamen noch die Grünen, die gesagt haben: »Scheiß auf Steuern, Hauptsache Flaschenpfand und ab sofort werden in den Atomkraftwerken die Kerne von Hand gespalten!«

Also gab es auf einmal vier Parteien. Die Grünen waren irgendwie linker als die SPD, also links außen, dadurch ist die SPD an die FDP herangerutscht und die wiederum an die CDU, die CSU war ja sowieso schon in einer christlichen Zweckgemeinschaft mit der CDU, eine christliche Zwangsehe sozusagen. Das ging immer so weiter – und heute weiß kein Schwein mehr, welche Partei wo und wo er selber steht. Es gibt rechts, Mitte, links, und bei jeder Richtung noch einmal einen rechten, mittleren und linken Flügel. Die Rechten haben einen linken Flügel und die Linke hat einen rechten – das geht bis Mitte hinten links durch, zweite rechts, dreimal klingeln!

Die CDU ist die neue SPD. Was früher die CDU war, ist heute die FDP, die neue FDP sind die Grünen und die CSU ist inzwischen grüner als die Grünen je waren. Wo früher die Grünen waren, ist die Linke – und die SPD gibt es eigentlich gar nicht mehr, sie hat es nur noch nicht gemerkt. Und dann gibt es die Piratenpartei – Fluch der Politik statt Fluch der Karibik.

Früher gab es noch Stammwähler. Da konntest du noch sagen: »Ich bin links und wähle SPD, und zwar seit 20 Jahren.« Heute kann es dir passieren, dass du links wählst und schon drei Monate später zu den Rechten gehörst – obwohl du nie die Partei gewechselt hast. Wechselwähler gibt es gar nicht mehr, heute wechseln sich die Parteien.

Früher predigte der Dorfpfarrer von der Kanzel, was die Gemeinde wählt. Für linke Politik hat er aber nicht plädiert. Meist war er für eine der Parteien, die für die Atomkraft waren, also eine der drei, die's damals gab. Die höchste Drohung war, dass ohne Atomkraft die elektrischen Kerzen am Weihnachtsbaum und die Weihnachtsbeleuchtung in der Fußgängerzone verlöschen. Interessanterweise haben Dorfpfarrer später nicht für die Grünen gepredigt, obwohl die vor dem Waldsterben gewarnt haben. An das Verschwinden des Weihnachtsbaums haben sie wohl nicht gedacht, viel wichtiger war, dass im atomelektrischen Kerzenschein »Oh Tannenbaum« gesungen werden konnte – notfalls auch ohne Baum.

Heute feiert man Weihnachten wieder authentisch wie früher. Mit einer echten Nordmannentannen-Spezialnadelzüchtung aus der schwedischen Tundra und kaltgeschleuderten Honigwachskerzen von bio-kontrollierten Bienenvölkern aus dem tibetanischen Hochland, deren Imker Veganer sind und mit dem ganzen Bienenschwarm auf dem nackten Körper jeden morgen Tai-Chi machen. Übrigens werden in Deutschland jedes Weihnachten rund 30 Millionen Weihnachtsbäume in überheizten Wohnzimmern aufgestellt, damit man im T-Shirt im tiefsten Winter gemütlich das Fest der Liebe begehen kann. Naturliebe dürfte dabei eine eher untergeordnete Rolle spielen.

Früher warst du überall von Agenten und Feinden umgeben. Hat bei einer Fahrradkontrolle der Dorfpolizist einen Aufkleber »Atomkraft? Nein danke« auf dem Schutzblech entdeckt, wusste dies in kürzester Zeit dein Vater. Auch ohne Twitter. Der Dorfpolizist kannte sowieso alle und alle kannten ihn. Die meisten kannten ihn noch von der Schule, die anderen, weil er CDU-Gemeinderat und Schützenkönig war. Zur Fortbildung hat man ihm Filme wie »Der Gendarm von St. Tropez« mit Louis de Funès vorgespielt, damit er auf der Liegewiese am Regenwasserrückhaltebecken für Zucht und Ordnung sorgte, vor allem als die Oben-ohne-Welle über das Land schwappte. Beim Straßenfest hat man ihm aufgelauert, ihm einen Kartoffelsack übergestülpt und ihn ein paar Minuten lang ordentlich vermöbelt. Das hat einmal im Jahr gereicht, um seinen Drang zu dämpfen, deinem immer im Parkverbot abgestellten Auto einen Strafzettel zu verpassen.

Das Auto hat man früher vors Haus geparkt, damit man es vom Küchenfenster aus sehen konnte. Stellte sich ein Fremder auf den Parkplatz, wurde er mit einem Zettel hinter dem Scheibenwischer darauf hingewiesen, dass der Parkplatz reserviert sei. Als dann die Fremden überhand nahmen, hat man nach einer Garage gesucht oder besser gleich eine gebaut. Heute braucht man zusätzlich zur Garage einen Car Port. Das ist eine Garage ohne Wände, aber nicht, damit es billiger ist, sondern weil es aus Amerika kommt. Wem dies zu altmodisch ist, der zieht in ein Car Loft. Das sind Apartments mit Parkplatz auf der Terrasse im vierten Stock. Von der Straße geht's in ein Garagentor, dann fährt ein Aufzug hoch und oben fährt man raus auf die eigene Terrasse. Wenn der Parkplatz neben dem eigenen Schlafzimmer schon belegt ist, dann weiß man, dass der Liebhaber da ist.

Durch den ganzen computerisierten GPS-Vernetzungs-Schnickschnack ist die Welt inzwischen winzig klein geworden. Was früher eine Weltreise war, machst du heute zwischen Frühstück und Mittagessen. Jeder war schon überall, die Bärenhöhle auf der Schwäbischen Alb kennt jedoch keiner mehr. Würde man sie in »Natural Bear-Cave« umbenennen und im Vergnügungspark auf dem Höhlenrücken zehn Riesenachterbahnen – pardon: Rollercoaster – bauen, könnten ihre Besucherzahlen allerdings wieder steigen.

Heute triffst du dich mit Freunden zum Grillen, schon erzählen sie vom Kurzurlaub in Phuket, von den netten Eingeborenen in Neuseeland, vom guten Essen in Guadeloupe und wie billig man am Wochenende in Mali shoppen kann. Früher hast du dich über Wanderwege im Allgäu unterhalten oder übers Vesper auf der Berghütte im Schwarzwald – wer vom Urlaub am Meer erzählt hat, meinte Camping am Bodensee, dem Schwäbischen Meer.

Nichts war weiter weg als Italien oder Griechenland. Da ist man nach 17 Stunden Fahrt angekommen und war in einer anderen Welt. Wenn du heute nach sechs Stunden Dauerrasen auf der Autobahn die italienische Grenze überfährst, ist das erste, was du siehst, ein Lidl. Es gibt gar kein richtiges Ausland mehr, genau wie es auch keine Ausländer mehr gibt – höchstens Länder mit Migrationshintergrund. Du kriegst in Deutschland bessere Pizza als in Italien, die Mafia macht in Paderborn dickere Geschäfte als in Palermo – und Griechenland ist so verschuldet wie … wie … Bremen.

Mir persönlich gefällt folgender Witz: »Ein Grieche und ein Portugiese gehen zusammen ins Bordell, wer zahlt? Deutschland!«

Früher bedeutete Reisen Aufregung, Kitzel und Spannung. Da gab es auch in Stuttgart noch überirdische Bahnhöfe.

Heute isst man Fluganananas aus Ghana und frischen Spargel aus Chile. Das Exotischste, was es damals zu essen gab, das waren Sardinen aus der Büchse.

▶ **Früher gab's noch echte Büchsenöffner**

Wer heute Gemüse in der Dose kauft, gilt als assi, als Bildungsferner, der nicht weiß, dass das Glück der jungen Familie im frisch gekauften Bio-Gemüse vom Bio-Selbsterzeuger-Markt liegt.

Kein Wunder sehen die Konservendosen-Kinder so krank aus, während die Bio-Gemüse-Kinder kerngesund sind. Mal abgesehen von Allergien, Neurodermitis, über-

steigertem Bewegungsdrang, Kindermigräne und De-
pressionen. Aber mit Nahrungsergänzungsmitteln kriegt
man das ja wieder in den Griff.

Essen aus der Konserve ist im wahrsten Sinne des
Wortes konservativ. Dagegen ist Kochen mit Bio-Gemü-
se fortschrittlich, vor allem, wenn man mit dem dicken
Geländewagen zum Markt fährt, der mit Bio-Diesel oder
Atomstrom fährt.

Früher war die Konservendose ein Segen der Menschheit! Die Dosenöffner, das waren kleine, gebogene, ange-
schliffenen Haken mit Flügelrädchen, mit denen bloß der
Vater eine Büchse aufbekommen hat.

Oder es waren dietrich-ähnliche Stifte, die hatten
vorne einen Schlitz, da musstest du eine Blech-Lasche
einführen und dann den Sardinendosendeckel mit viel

Kraft aufdrehen. Und jedesmal ist dir das halbe Öl übers Hemd geschwappt.

Papa gehörte zur Kriegsgeneration. Er war immer der Ansicht, den Öffner kann man nochmal brauchen. Deshalb hat er das messerscharfe Blech wieder vom Stift abgerollt.

Wenn du heute einen Menschen ohne Finger siehst, überlegst du dir doch sofort: »Sprengmeister oder Zeitsoldat im Afghanistan-Einsatz?«

Damals hat man als erstes gefragt: »So, auch den Stift vom Sardinenbüchsle aufheben wollen?«

Wenn du heute verreisen willst, bist du schon pleite, bevor du überhaupt losgefahren bist. Es gibt zwar Billigflieger und nachgeschmissene Pauschalreisen, aber viel teurer als die Reise ist heute die ganze Ausrüstung. Urlaub ist immer gleich Adventure – selbst, wenn du nur einen ganz popeligen Spaziergang machen willst: Es geht nichts mehr ohne wasserfeste Geländestiefel, Multifunktions-Tracking-Backpack und Goretex-Thermojacke mit digitalem Herzrhythmus-Messer.

Du willst dir in einem Special-Sports-Paradise eine Wanderjacke kaufen. Der Verkäufer führt ein vierfarbiges Neon-Ungeheuer vor, das ist regenfest und atmungsaktiv, hat tausend Spezialtäschchen und Reißverschlüsse, Ärmel, Hosenbeine, das Futter ist mit einem Handgriff wegzumachen, und aus der Kapuze kannst du dir ein arktistaugliches Einmannzelt aufbauen.

Du sagst: »Ich will doch nur einen Anorak, falls es mal windet oder ein bisschen tröpfelt!«

Aber um sich vor einer kleinen Brise oder drei Tropfen Regen zu schützen, gibt es in einem Outdoor-Store nichts mehr. Da bist du mit einem blauen Müllsack mit drei eingeschnittenen Löchern besser bedient. Ein gelber Müllsack ist nicht zu empfehlen, weil die Gefahr besteht, dass man wertstoffgerecht entsorgt wird, um danach dann doch ganz banal im Restmüll zu landen.

Mit all den heutigen Outdoor-Klamotten könntest du perfekt Joggen, Walken, Bungee-Jumpen, Climben oder Raften – geht aber nicht, du lebst ja mitten in der Stadt. In der Urban-City muss man erst mal bei Google Earth zoomen, wo es in der Nähe überhaupt noch eine Grünfläche gibt. Und auf dieser wird am Wochenende gegrillt, dass die Schwaden fliegen. Im Grunde brauchst du keinen Anorak, sondern eine Gasmaske. Die verkauft dir der Outdoor-Adventure-Fachberater aber nicht, weil er in einer Positive-Thinking-Branche arbeitet.

Früher ging man statt Outdoor im Trainingsanzug auf die Straße, statt Jogging machte man Dauerlauf oder rannte nach Hause, weil in ein paar Minuten die Sportschau begann. Statt Bungee-Jumping hast du im Hof Gummihüpfen gemacht, statt Climbing bist du zum Kirschenklauen auf die Bäume beim Nachbarn geklettert und statt Windsurfen hast du einen selbst gebastelten Drachen steigen lassen.

▶ **Früher gab's noch richtige Papierdrachen**

Die hat man selber gebastelt – aus Tapetenresten, Kleister und Blättern aus dem Mathematikbuch.

Als Gerüst dienten Holzstecken von alten Silvester-Raketen. Die hast du mit Muttis Wäscheleine zusammenge-

bunden. Und wenn mal noch ein Socken vom Opa dranhing, dann ist der wenigstens einmal richtig gelüftet worden!

Wenn du heute Drachen steigen lassen willst, musst du vorher in den Kite-Shop. Da fragt dich der Verkäufer: »Wollen Sie einen Ein-, Zwei- oder Vierleiner, und bis wieviel Beaufort soll er tauglich sein?«

Sagst du gereizt: »Ich will einen Drachen, keinen Computer!«

Aber weil du saucool sein willst, kaufst du natürlich einen Vierleiner mit zwei Quadradmetern Spannweite für Windstärke 8 – quasi den B52-Bomber unter den Papierdrachen.

Früher bist du mit deinem Drachen einfach raus und hast das Ding steigen lassen. Das geht heute gar nicht mehr. Du wirst heute sofort festgenommen wegen unautorisierter Bedrohung des Luftraums – und in der umliegenden Nachbarschaft herrscht Ufo-Alarm!

Nein, erst musst du aufs Amt, wo dein Drachen abgescannt und seine Flugbahn im Computer vorsimuliert wird, bevor es die offizielle Genehmigung gibt – und dann schicken sie dich auf eine ganz spezielle, eingezäunte »Kiting-Location«, wo all die Nerds rumhängen. Früher sagte man dazu: Acker.

Und damals war klar: Wenn der Herbst kommt mit seinen Stürmen, brauchst du maximal eine Minute, dann steht dein Drachen majestätisch in der Luft! Der Wind war so stark – wenn du den Drachen je wieder runterkriegen wolltest, musstest du ein paar Freunde mitbringen, die sich mit dir drangehängt haben.

Heute kannst du mitten im Oktober auf dem Deich stehen und es regt sich kein Lüftchen. Und wenn du jemanden fragst, was los ist, heißt es: »Herbst? Im Oktober? Junge, wir haben Klimawandel! Komm, lass uns baden gehen – bevor es wieder anfängt zu schneien!

Bestzeit im Zeitspringen

Wenn du dich früher sportlich selbst herausfordern wolltest, hast du im Verein Stabhochsprung trainiert. Wenn das nicht geklappt hat, weil bei deinem Gewicht jeder Stab abgebrochen ist, hast du Kugelstoßen gemacht. Nachdem dir die erste Kugel auf den Fuß gefallen war, bist du zum Kegelverein gegangen, weil die Kugeln leichter waren und immer wieder von selber zurückkamen. Auf jeden Fall hat man früher Turnschuhe angezogen, um Sport zu machen. Das waren Schuhe, die statt aus Leder aus Segeltuch und biegsamen Gummisohlen bestanden. Und sie hatten noch Schnürsenkel und keinen Klettverschluss. Von der Form her waren es im Grunde ganz normale Halbschuhe in Weiß, auf die man ein paar Streifen geklebt hat, damit alles sportlicher aussah.

Diese Schuhe hat man, wenn überhaupt, dann nur zu den Leibesübungen angezogen. Heute trägt die jüngere Hälfte der Menschheit sportschuhartige Sneakers, und zwar Tag und Nacht, selbst im Bett. Viele würden gern ab und zu mit Grips, Heelys oder Chucks wechseln, die sich minimal von den Sneakers unterscheiden. Es geht aber nicht, weil sich zwischen Gummischuh und Fuß eine Käseschicht gebildet hat. Dadurch backen die Sneakers so fest am Fuß an, dass man sie nur noch mit der Schleifmaschine von den Füßen schmirgeln kann.

Ein Turnschuh für den Sport hat inzwischen mehr Extras als ein japanischer Mittelklassewagen: rundherum atmungsaktive Poren, damit sich kein Schweiß bildet, innen feine Löcher, damit der Schweiß, der sich nicht bildet, ablaufen kann. Und in der Sohle riesige Luftpolster, weil das angeblich besser federt. Also – wenn man es genau überlegt, besteht der ganze Schuh aus Löchern. Zehn Euro pro Loch! Wenn man Emmentaler nach Loch bezahlen müsste, gäbe es einen Aufstand an jeder Käsetheke.

Heute gibt es für alles einen eigenen Schuh: fürs Joggen, fürs Gehen, fürs Hüpfen, fürs Stehen, für draußen, für drinnen und für dazwischen. Damals wolltest du das gar nicht! Du hast dir die Turnschuhe doch bloß gekauft, um sie im Flur zu drapieren. Und wenn du Frauenbesuch hattest und sie hat im Flur gleich in die Hände geklatscht und entzückt gerufen: »Oh, du bist ja sportlich!« – dann war die Sache schon geritzt.

Versuche heute mal eine Frau mit deinen Sportschuhen zu beeindrucken ... Da sagt sie: »Diese hier, fürs Joggen? Du hast ja gar keine Ahnung – das sind doch Hallengymnastikschuhe für Böden mit Härtestufe zwei bis drei! Du, ich glaub, mit uns zwei, das wird nix.«

Oft werden heute Beziehungen eingegangen, weil man gemeinsame sportliche Interessen hat – zum Beispiel Nordic Walking, obwohl man da schon im mittleren Alter am Stock geht. Geheiratet wird in diesem Fall nicht, denn das würde ja die Flexibilität beeinträchtigen. Wenn gemeinsame Kinder kommen, lebt man irgendwie in familienähnlicher Beziehung.

Früher war Familie: Mama, Papa, Oma, Opa, Schwester, Schwester, Schwester, Bruder, Bruder – alles unter einem Dach. Auf 73 Quadratmetern. Wenn ein Paar weniger als fünf Kinder hatte, hieß es in der Nachbarschaft: Bei dem stimmt was nicht, der müsste mal zum Doktor gehen. Als Mutter hast du dann lieber noch ein Kind mit dem Briefträger draufgelegt, dann fiel es schon nicht so auf, dass zwei der Sprösslinge ohnehin stark nach dem Milchmann kamen.

Heutzutage gibt es bloß noch Patchwork-Familien: Levin-Robin (Kleinknecht) ist ein Kind von Jens, lebt aber mit Ingi und Stefan und zusammen mit drei anderen Patchwork-Kids in der Wohnung von Wolfgangs Ex. Die wiederum hat ein Kind mit Lars, der inzwischen mit der Gaby zusammen ist, und jetzt kommt's: Die Gaby, die ist gerade ein bisschen schwanger vom Paul, weshalb es mit Lars ein bisschen kriselt. Aber sie sind alle drei in einer energetisch-tantrischen Kosmos-Dreier-Paarberatung, noch vier, fünf Stuhlkreise und Gesprächsgruppenmeetings, dann haben sie die Krise durch und können sich auch ohne Streit wieder trennen, falls andere Konstellationen sich auftun sollten. Als Ziel haben sie »kommuniziert«, dass Lars und Paul lernen, sich fallen zu lassen. Und dass die Gaby lernt, sich nicht immer gleich bei jedem fallen zu lassen.

Mir ist eine Umfrage zu Ohren gekommen, der zufolge jede zweite deutsche Frau dem Heiraten inzwischen abweisend gegenübersteht. Dann habe ich mit einer Bekannten darüber gesprochen, und die meinte: »Also, komm schon, heiraten? Das ist doch was für Schwule!«

Den meisten Kids ist das Kreuz- und Quer-Geschnacksel der Eltern furchtbar peinlich! Und darum wünschen sie sich eine echte, spießige Großfamilie mit Häusle, Hund und Lattenzaun. Die wollen kein Patchwork – die wollen Perser-Teppich! Und Sofadeckchen!

Wenn wir damals gewusst hätten, dass unsere Kinder uns *darum* mal beneiden: den biederen Mief, das Großfamilienidyll, Feiertage mit Tanten, Onkeln, Cousins und Cousinen mit ihren Kindern und Kindeskindern ...

Wir kennen das ja aus einer Zeit, als es noch keine übertriebene Hygiene gab. Heute werden Kinder dreimal am Tag geduscht, gewaschen, desinfiziert und ionisiert. Früher gab es keine Dusche, sondern Großtanten.

Da bist du sonntagmittags bei der Oma zwischen Tisch und Stühlen umhergeflitzt – und plötzlich hat dich so ein Monster von oben am Arm gepackt.

Monster Großtante. Mit einer Warze am Kinn, aus der drei schwarze, stachelige Haare herauswuchsen. Die Großtante hat dich mit der einen Hand festgehalten wie ein Schraubstock, hat mit der anderen das Taschentuch aus der Tasche geholt, zweimal kräftig reingespuckt und dann damit dein Gesicht abgeputzt.

Und danach hat sie dich noch innig geknutscht. Aber weil sie immer so furchtbar viel Nylon-, Perlon- und Dralon-Zeug anhatte, war sie immer total elektrisch und hat dir einen jenseits Stromschlag verpasst. Die 400 000 Volt sind dabei immer über die drei schwarzen, stacheligen Haare in dein Gesicht abgeflossen.

Das sind Kindheitstraumata, die man nicht so leicht wegsteckt.

Ich könnte heute noch drei verschiedene Großtante an ihrer Spucke unterscheiden.

Danach gab's Filterkaffee. Ohne Kaffeepads!

Heute steht doch in jeder zeitgemäßen Küche ein topmoderner Kaffeevollautomat mit computergesteuerter Coffee-Pad-Auswurfstechnologie. Für jeden Kaffee gibt es ein eigenes Pad: Espresso, Cappuccino, strong,

mild, koffeinfrei. Nicht zu vergessen »Double Latte macchiato« und »Café Choco mit Topping«. Und wenn ein Gast sagt: »Nein danke, ich möchte keinen Kaffee!«, schmeißt die Hausfrau einen leeren Pad in die Maschine, auf dem »zero« steht, stellt keine Tasse drunter, drückt nicht auf den Knopf, kommt nichts raus, hat er auch, was er nicht wollte.

Früher musste man zunächst von Hand Kaffee-Bohnen in einer Mühle aus Holz mahlen und dann eine Melitta-Papier-Filtertüte in den Porzellanfilter stopfen, an dem immer der Henkel abgebrochen war.

Hand aufs Herz: Wer hat diesen Filter jemals ohne abgebrochenen Henkel gesehen? Ich bin inzwischen der Überzeugung, Melitta hat die Dinger damals mit abgebrochenem Henkel hergestellt!

Und dann heißes Wasser darüber. Getrunken hat man den Kaffee mit sieben Würfeln Zucker und einer Dose Kondensmilch.

Meine Oma hat mir, bis ich sechzehn wurde, stets einen Kaffee »vom zweiten Sud« gemacht. Dazu ließ sie einfach nochmal heißes Wasser durch den alten Filter vom Frühstück laufen.

Damals hat niemand gefragt: »Noch jemand einen Hazelnut Mocca?«, sondern es hieß im Café: »Draußen bloß Kännchen. Für ein Tässle müsset Sie reingange, gell?«

Und daheim: »So, will noch jemand Kaffee oder hat schon jeder zwei Tassen getrunken?«

An Weihnachten gab es auch mal drei Tassen Kaffee zum Christstollen. Vor dem Fest hat die ganze Familie wochenlang Papiersterne gebastelt und Plätzchen gebacken. Als Kind bist du fast geplatzt vor Vorfreude! Dieser Zauber ist heute völlig futsch. Heute liegen schon Ende August die Schoko-Nikoläuse in der Auslage – und das geht nahtlos über in den Oster-Naschkram, der schon kurz vor Weihnachten ins Regal kommt. Wahrscheinlich bringt in Zukunft der Weihnachtsmann die Eier und der Osterhase die Geschenke.

Und man hat inzwischen ein Porzellan-Syndrom: nämlich nicht mehr alle Tassen im Schrank. Zum Heiligen Abend wird pro Kind ein ganzes Monatsgehalt in Geschenken angelegt, weil es in der Schule nach Weihnachten von seinen Mitschülern als Assi oder Hartzi verschrien wird, wenn es nur eine Playstation, zehn DVDs und einen LCD-Fernseher bekommen hat und das Schwesterchen bloß eine Wii, ein Pferd und eine Beauty-OP. Und wenn ein Kind trotzdem nicht das kriegt, was es sich gewünscht hat, denkt es nicht, wie früher: »Au, au, ich war wohl nicht brav genug!«, sondern: »Bestell ich es halt mit Papas Kreditkarte bei eBay.«

Schenken war früher viel weniger kommerziell, Beispiel Muttertag: Am Muttertag kam der Papa zu uns ins Zimmer und sagte: »Kinder, heute isch Muttertag, heute traget ihr der Mama mal den Abwasch ans Bett!«

Früher war Weihnachten echt super – bis du rausbekommen hast, dass der Weihnachtsmann in Wirklichkeit der Papa ist. Da warst du nur noch froh, dass es den Brauch nicht gibt, dass sich an Ostern jemand als Osterhase verkleidet. Aber diese Entdeckung, die Entlarvung des Weihnachtsmanns, das war der eigentliche Anfang vom Generationenkonflikt.

Du hast dir die Haare wachsen lassen, dich nicht mehr gewaschen, hast geraucht – und statt »Ihr Kinderlein kommet« hast du »Völker, hört die Signale« gesungen.

Standardkleidung war damals eine Wrangler- oder Levis-Jeans, mit der man sich in die Badewanne setzte und die man danach am Leib trocknen ließ. Ergebnis: perfekt sitzende Beinkleidung. Und: chronische Blasenentzündung. Darüber ein T-Shirt von »Fruit of the Loom«, das einst mal weiß war, und einen alten Bundeswehrparka, auf den man hinten mit Filzstift das Peacezeichen aufgemalt hatte. Das alles hatte man an: zur Konfirmation, zum Abitur und zur Beerdigung vom Großonkel. Ansonsten galt: Du warst da, die Eltern waren dort – gekreuzt haben sich die Wege nur an Weihnachten, Ostern und zur Konfirmation der kleinen Schwester.

Oder höchstens noch, wenn die Familie essen ging. Das war ja nicht so was Alltägliches wie heute, das war was ganz Besonderes, das hat man vielleicht dreimal im Jahr gemacht. Die Eltern haben sich in Schale geschmissen, als ginge es zum Wiener Opernball – es ging aber nur zum Wiener Schnitzel in den Wienerwald.

Heute futterst du den ganzen Tag lang auswärts irgendwelche Snacks, Döner, Sushi, Woks oder Burger – fein machst du dich nur noch, wenn du zur Abwechslung mal zuhause etwas isst, das zur Feier des Tages nicht vom Pizza-Service angeliefert wurde.

Wenn was vom Essen übrig blieb, weil Mutti wie immer zu viel gekocht hatte, bekam es der Hund. Jeden Tag Hundefutter aus der Dose war zu teuer. Auf das seidige Fell, das die Werbung versprach, hat man gern verzichtet. Warum soll der Hund auch volles, weiches Haar bekommen, wenn bei Vater gleichzeitig die Glatze gedeiht?

▶ **Früher gab's noch richtig Haare und echte Glatzköpfe**

Da hat die Mama noch gesagt: »Kerle, wenn du jetzt nicht bald zum Friseur gehscht, dann fängscht du eine! Und schau mich gefälligscht an, wenn ich mit dir schwätze! Ach so, *das* ischt dein G'sicht!«

Und dann hat dir der Vater einen Topf aufgesetzt und einmal so drumrum geschnitten, dass du dich nicht mehr raus getraut hast und auch im Hochsommer immer bloß mit Mütze im Klassenzimmer saßt.

Heute hast du dieses Problem als Mann meist nicht mehr, weil alle Haare ausgefallen sind oder statt oben eher hinten auf dem Rücken oder sonstwo weiterwachsen.

Die Männer mit Haarausfall geben ein Vermögen aus für Transplantationen von Rückenhaar auf den Kopf. Und die mit üppigem Haarwuchs lassen sich eine Glatze schneiden.

Und bilden eine Selbsterfahrungsgruppe der »Freiwillig Verglatzten«. Und lassen sich vom Glatzensprecher informieren, dass auf eine Glatze viel besser eine Perücke passt und dass man so nicht so ekelhaft nach Shampoo riecht.

Philosophisch gesehen haben ohnehin alle Männer eine Glatze. Bloß bei manchen wachsen Haare drauf!

Hunde zerfielen damals in die zwei Gruppen Haushund und Hofhund, denn früher gab es noch richtige Hofhunde. Die hießen alle Hasso, wohnten im Zwinger und bellten immer wie wahnsinnig, wenn irgendwas passierte – egal, ob es eine Heuschrecke war, die herumhüpfte, oder der Briefträger.

Dreimal am Tag lief der Hofhund im Garten den Zaun entlang. Und weil der Hausgarten damals noch nicht die heute übliche Handtuchgröße besaß, hatte der Vierbeiner damit seine sechs Kilometer Auslauf pro Tag auch absolviert.

Gefüttert wurde Hasso mit Schlachtabfällen. Die hat der Metzger vorbeigebracht, und weil er's immer eilig hatte, konnte er mit dem Opa gar nichts trinken – also, gerade mal zwei Gläsle Trollinger und einen Schnaps. Aber sonst halt nichts!

Und immer mal wieder hat der Hasso einen Einbrecher gebissen. Wobei man nie so richtig wusste, ob das wirklich ein Einbrecher war oder bloß ein Wanderer. Oder ein Fremder von ganz weit weg – also aus dem Nachbardorf.

Der Hasso hat trotzdem als Belohnung einen Extra-knochen gekriegt.

Wenn heute ein Hund bei der Verteidigung seines Heimes nach dem Gerichtsvollzieher schnappt, kommt sein Herrchen ins Gefängnis und der Hund wird vor-sichtshalber eingeschläfert.

Wobei das wiederum gar nicht sein kann, der Hofhund kann gar nicht nach dem Gerichtsvollzieher schnappen, weil er ja gar nicht daheim ist. Er hockt entweder mit Lebensmittelallergie beim Tierarzt oder hüpft in der Hundeschule mit Frauchen über bunte Tonnen.

Im Gegensatz zum Hofhund durfte der Haushund früher jeden Tag eine halbe Stunde lang ins Haus – in die Waschküche, zum Fressen. Danach wurde der

Souterrain mit dem Schlauch ausgespritzt. Der Haushund war eine zottelige Promenadenmischung, größer als ein Pony, und hieß meistens Hasso wie der Hofhund.

Dreiundzwanzigeinhalb Stunden am Tag war der Haushund im Zwinger angekettet. Wenn irgendwer in 200 Metern Entfernung am Hof vorbeiging, hat er gebellt, dass man gedacht hat, jetzt kriegt die Töle gleich einen Herzkasper.

Heute ist der Haushund ein Familienmitglied, hat in jedem Wohnraum ein eigenes Körbchen mit Samtkissen und schläft nachts im Ehebett zwischen Herrchen und Frauchen. Bellen kann er gar nicht mehr, er macht höchstens »Yip, yip!« – und dann gibt es gleich was mit der zusammengerollten Zeitung und ab zum Hundepsychologen!

Zum Fressen kriegt er Bio-Hundefutter für 24 Euro die Dose und das beste Stück vom Sonntagsbraten. Im Frühjahr kredenzt man ihm Spargel, damit die Nieren durchgeputzt werden. Im Sommer bringt Frauchen ihm Alexandertechnik bei, damit er bewusster auf seine eigenen Bewegungen achtet, und im Winter singt ihm die Familie Weihnachtslieder auf englisch vor.

Früher war ein Hund einfach nur ein Hund. Heute hat der kleinste neurotische Chihuahua einen Stammbaum, der mindestens 400 Jahre zurückreicht, ein Zertifikat vom Züchter über seine Reinrassigkeit und einen eigenen Adelstitel. Er heißt dann »Edler der Dritte von Strümpfelbach und Aussiedlerhof Nord«. Wenn man früher gefragt wurde, welche Rasse der Haushund ist, hat man geantwortet: »Das ist ein echter Schälabo.« So hieß eine Gassen-Mischung aus Schäferhund, Labrador und Boxer.«

Früher hatte man eine Katze oder einen Hund, und die bekamen zu fressen, was vom Kochen übrig war. Und weil beim Kochen nie was übrig war, weil man alle Reste in Maultaschen packte, mussten sie, um satt zu werden, halt Mäuse fangen.

Und wenn der Hund das nicht hinbekommen hat, sagte man: »Da kann ich auch nichts machen, wäre er halt eine Katze geworden!«

Heute verkaufen die größten Supermärkte auf der grünen Wiese nicht etwa Lebensmittel, sondern ausschließlich Tierbedarf. Pets-paradise-Shops, nennen sie sich. Da gibt es Nassfutter, Trockenfutter, Cat-Sticks, Multipack Ragout 48, Anti-Hairball, Knuspertaschen und Katzenmilch.

Und weil das Futter für diese Tiere extra gezüchtet wird, entsteht natürlich auch eine ordentliche CO_2-Belastung. Forscher haben berechnet, dass ein kleiner Cockerspaniel vom CO_2-Fußabdruck her doppelt so schädlich fürs Klima ist wie ein Geländewagen.

Es mag uns nicht passen, aber es könnte inzwischen sein, dass ein vegetarischer Porschefahrer umweltfreundlicher daherkommt als ein fleischfressender Radfahrer mit zwei Cockerspaniels.

Mit einem großen Köter gingen vornehmlich die Väter einmal um den Block. So bezeichnete man den Weg vorbei an der Kirche, durch die Vorstadtsiedlung gleich neben dem neuen Industriegebiet und hinüber zum

Sportheim auf ein kühles Helles. Mit so einem zottleligen Kalb konnte man Eindruck schinden. Jede Frau erkannte im Hund das Tierische, das im Mann an der Leine steckte, und die erotische Führungsstärke des Herrchens, wenn es laut »Sitz!« bellte und der Hund sich auf seinen schlabberigen Hodensack niederließ. Das machte Eindruck!

Was aber, wenn der Hund fehlte?

Viele sind noch immer der festen Meinung, dass beim Mann von der Größe der Nase auf die Größe seines »Johannes« geschlossen werden kann. Die Volksregel lautet: »Wie die Nase des Mannes, so sein Johannes.«

Andere sind sich sicher, dass auch ein Rückschluss vom Auto her funktioniert. Welcher Schluss würde wohl bei einem Käfer- oder bei einem Jaguar-E-Fahrer zutreffen? Oder kann man von einem Twingo auf die Manneskraft der Franzosen schließen?

Kam der potente Mann in die Jahre, zog man früher einen kirchlichen Vergleich und sagte: Bei dem sind die Glocken länger als das Seil.

Eine Sportart, bei der echte Manneskraft gezeigt werden kann, ist das Seil- oder auch Tauziehen. Früher war Seilziehen sogar eine olympische Disziplin. Auf jeden Fall imponierte das Seilziehen des starken Geschlechts besonders den Frauen. Da hat man sich am Wochenende mit zehn Mann auf einem Acker getroffen, und alle haben wie bekloppt am Seil gezogen. Die Mädchen haben zugeguckt und es ging darum, wer von den Männern am lautesten schreien konnte: »Zieht schon, ihr Memmen!«

Heute kannst du mit so etwas keine Frau mehr beeindrucken. Die moderne Frau findet das total machomäßig, primitiv und dirty. Bloß weil *sie* emanzipiert ist, musst *du* sechsmal am Tag duschen, ständig kochen, und das auch noch vegetarisch, mit ins Theater gehen und über Dostojewski diskutieren. Nach fünf Jahren läufst du herum wie der letzte Waschlappen und sie brennt mit dem Automechaniker durch – und dann heißt es: »Des ischt halt ein richtiger Mann, der riecht noch nach Schweiß, haaach ...!«

Früher hast du den Automechaniker in so einem Fall zum Seilziehen herausgefordert, hast ihn einmal an seinem Abschleppseil quer über den Acker durch den Matsch geschleift – und dann war die Sache klar!

Na gut, genau genommen hat *er dich* über den Acker geschleift, aber das war egal. Du musstest dabei bloß den Namen deiner Liebsten brüllen wie ein sterbendes Tier oder wie Rocky nach dem Boxkampf – dann ist sie geschmolzen, hat dich ins Bett gepackt und drei Tage lang deine schrecklichen Wunden mit Babycreme und Ganzkörpermassage gepflegt.

Und der Automechaniker stand wieder in seiner Garage und hat sich tagelang überlegt, ob er vielleicht am Ende doch zu sehr geschweißelt hat. Heute geht er an seinen Computer im Ersatzteillager und loggt sich in eine Burn-out-Selbsthilfegruppe ein, die sich über sexuelle Probleme von Automechanikern austauscht, deren Schweißgeruch die Frauen an Ölwechsel erinnert.

▶ **Früher gab's noch keinen Burn-out**

Früher warst du entweder wach oder müde.

Heut kannst du, wenn du müde bist, nicht schlafen und wenn du wach bist, dich nicht konzentrieren.

Das heißt Burn-out und du gehst zum Arzt.

Der fragt dich, wie viele E-Mails am Tag in dein Postfach flattern.

Du sagst: »So zirka 250.«

Sagt der Arzt: »Ganz normal«. Ob du Medikamente nehmest?

Ja, sagst du, »am Abend drei für die Motorik, morgens fünf für die Sensorik und tagsüber 15 für die Rhetorik!«

Sagt der Arzt: »Ganz normal!«

Sagst du: »Normal? Sie, ich muss überall und ständig erklären, wie gut es mir geht, dass ich gern an meine Grenzen gehe, jederzeit zur Verfügung stehe, teamfähig bin, fit wie ein Turnschuh und bereit, die Krankenvertretung von 14 Kollegen parallel zu übernehmen.«

Sagt der Arzt: »Ganz normal. Seit wann haben Sie Ihren Burn-out?«

»Seit mein Chef kritisiert hat, ich würde mangelnde Motivation zeigen, weil ich abends schon um sieben nach acht heim gehe und morgens erst um acht nach sieben zur Arbeit komme!«

»Normal, wo arbeiten Sie, wo wohnen Sie?«

»Ich schaff' in Stuttgart und wohne in Rottweil!«

Sagt der Arzt: »Sie kriegen von mir keine Kur verschrieben, Sie sind selber schuld: Wer so unflexibel und fahrlässig Wohn- und Arbeitsplatz auseinanderhält, der hat einfach nicht die richtige Einstellung. Der nächste bitte!«

Zeitmaschinen

So ein Computer findet heute in jeder Ecke Platz, auch mit Bildschirm. Früher musstest du beim Kauf eines Computers anbauen oder die Garage ausräumen. Diese ultraleichten Powerbooks im Jackentaschenformat, bei denen man aufpassen muss, dass sie nicht zwischen die Sofapolster rutschen, gab es noch nicht. Die ersten Personal Computer waren riesige, hässliche Kisten, so groß wie ein Schuhschrank, so klug wie eine Sandale und so schnell wie eine Weinbergschnecke.

Bekannt ist dieser süße Kinderwitz: Ein Mensch entdeckt im dritten Stock auf dem Balkon in den Küchenkräutern eine Schnecke, nimmt sie weg und schnippst sie einfach runter. Zwei Jahre später klingelt es an der Türe, er öffnet, niemand da – auf dem Fußabstreifer steht die Schnecke mit verschränkten Fühlern und sagt: »He – was war denn das gerade?«

Wenn man so einen alten Schrankcomputer zu einem Freund mitnehmen wollte, musste Vater mit dem Auto helfen. Selber ist man mit dem Bus gefahren, weil im Auto kein Platz mehr war.

Die alten Dinger hatten auch keine Festplatten, sondern ein externes Diskettenlaufwerk. Die Floppy war größer als der ganze Computer.

Festplatte – das war das, was an Weihnachten auf den Tisch kam.

Und Chips – die hatte der Computer damals nicht »drin«, sondern »drauf«! Nämlich auf der Tastatur!

In die Floppy kamen 5¼-Zoll-Disketten, da ging vielleicht ein Megabyte drauf, wenn es hoch kam. So ein Computer war damals eine Lachnummer. Wer sich einen gekauft hat, war entweder Single oder arbeitslos – meistens beides zusammen.

Die ersten Personal Computer waren so teuer, dass du den ersten noch abbezahlt hast, als du schon den vierten zu einer Sammelstelle für die Dritte Welt gebracht hast. Das einzige, was dieses PC-Urgestein den Rechnern von heute voraus hatte, war die Haltbarkeit. Heute sind die Dinger so schnell veraltet – im Grunde kannst du die nur im Laden benutzen. Wenn du heute den neuesten iPadPodPudPid kaufst, sagen die Kids vor dem Laden: »Kuck mal den Opi, was der sich für einen Saurier hat andrehen lassen!«

Früher gab es den Apple 2, den IBM-PC, Atari, Amiga oder den C64 – das einzige, wofür du so ein Fossil nehmen konntest, das waren Spiele. Und die waren noch richtig schön! Gut, sie waren nicht so bombastisch: Heute hast du hochauflösende 3D-Grafik mit mehr Farben, als man überhaupt wahrnehmen kann. Du hast Dolby-Surround-Sound, extra Subwoofer und 16:9-Double-Flatscreen-Monitor, der das Bild so realistisch macht, dass viele Kids dem Bildschirm eine Vier in Mathe beichten und ihre Eltern ausschalten.

Früher gab es ganze 16 Farben – doch die kamen an einem Schwarz-Weiß-Monitor leider nicht wirklich zur Geltung. In dem Spiel musstest du gegen gruselige Monster kämpfen! Das waren damals noch farbige Rechtecke, die allerdings nur in Grautönen zu erkennen waren. Da war Phantasie gefragt!

Wenn so ein graues Kästchen auf dich losgegangen ist, hast du geschrien und eine Nacht lang Alpträume gehabt.

Ich habe Freunde, die kriegen heute noch einen Schreikrampf, wenn sie ein Rechteck sehen. Deswegen sind viele Über-40-Jährige inzwischen überzeugte Anthroposophen, weil es bei denen keine rechteckigen Kästchen gibt, sondern bloß 120-Grad-Winkel und abgerundete Ecken.

Gespielt hast du das Ganze am Schwarz-Weiß-Fernseher im Wohnzimmer, wo erst mal zwei Stunden lang die richtige Frequenz gefunden werden musste. Wenn du überhaupt etwas erkennen konntest vor lauter Bildschnee, dann hattest du Störstreifen, sobald zwei Zimmer weiter ein elektrisches Haushaltsgerät eingeschaltet war. Das war damals Horror: Du bist endlich auf Level 36 und kämpfst erfolgreich gegen feindliche Rechtecke, und genau jetzt fängt Mama im Bad an, sich für die »Hochzeit des Figaro« in der Stadthalle zu föhnen.

Heute ist es andersherum – ein PC-Spiel braucht so viel Rechenleistung, dass der Computer knallheiß läuft. Da stellt sich die Mama kurz neben den Lüfter – zack! sind die Haare trocken.

Und statt am Fernseher Computer zu spielen, setzt sich der moderne Mensch vor den Computer, um fernzusehen. Da gibt es mindestens 3500 Kanäle, zwischen denen man hin- und herschalten kann, und die Filme sind so hektisch geschnitten, dass man gar nicht mehr weiß: Ist das noch der gleiche Film, habe ich aus Versehen weitergezappt oder sind das die Teaser für den RTL-Fernsehsommer?

Wenn man nicht wusste, was man gerade sah, hat man früher seinen Freund auf Festnetz angerufen. War

besetzt, hatte man halt Pech. Heute hat jedes Familienmitglied vier eigene Faxnummern, drei E-Mail-Ad-
ressen, zwei Funkstationen und einen Server, der alle
eingehenden Gespräche aufs Handy umlenkt.

Früher hatte man ein Wahlscheibentelefon, das in
der Diele auf der Garderobe stand. Auf einem speziellen kleinen Tischchen, darunter zwanzig mal zwanzig Zentimeter Perserteppich-Imitat. Das war Glasnost
vom Feinsten: Jeder konnte immer alles ganz genau
mithören. Irgendwann hat das Telefon einen weinrot-
samtenen Umhang mit goldenen Bordüren gekriegt.

Das Wählen einer langen Nummer hat eine Minute
gedauert, wenn man sich verwählt hatte, musste man
von vorne anfangen. Nach dreimaligem Verwählen ist
man heulend mit Brandblasen am Finger ins Bett ge-

gangen. Die Hörer waren groß und vier Kilo schwer und sahen aus wie ein versteinerter Mammutknochen. Die konnte man beim Telefonieren zwischen Schulter und Kinn klemmen. Altgediente Sekretärinnen von damals erkennt man noch heute an hochgezogenen Schultern und einer schiefen Kopfhaltung.

Heute weiß doch kein Schwein mehr, was ein Telefonhörer ist! Als Symbol ist der Telefonhörer auf dem Handy zwar für Abnehmen und Auflegen zu finden, aber die Kinder fragen neugierig: »Papa, was ist das?« Nächste Frage der Kinder: »Wie seid ihr eigentlich damals ohne Computer ins Internet gekommen?«

Und wenn dich das Telefonat genervt hat, dann hast du früher voller Wut den Hörer auf die Gabel geworfen. Da konntest du deinem Ärger noch richtig Luft machen!

Versuche heute mal, beim Handy energisch und voller Wut die Auflege-Taste zu drücken! Die ist so muckenseckelesbröckelesklein, also so winzig, dass du gleich vier andere Gummiknöpfe mitdrückst und versehentlich drei Paralleltelefonate in Konferenzschaltung auslöst. Du verfluchst gerade noch den letzten Gesprächspartner: »Du Kreuzkrabbeallmachtsmillionskreuzgranateseckelshalbdackel du!« und fragst plötzlich verwirrt: »Wer ist dran? Schwiegermutti? Pfarrer? Chef?« Wenn alle drei antworten, ist deine Konferenzfunktion am Handy voll in Ordnung.

Die coole Familie hatte früher ein weinrotes Tipptastentelefon und die supercoole ein Verlängerungskabel für 5 Mark und 80 Pfennig, noch mit Originalpreisschild. Damit lief der Vater beim Telefonieren immer im Kreis, bis das Kabel ein spiralig verknotetes Zwei-Kilo-Päckchen war. Einmal pro Woche musste eines von uns Kindern mit dem Telefon in der Hand vier Stunden lang Linkskurve laufen, damit das Kabel wieder flach lag.

Und wenn das Kabel vom Wohnzimmer unter allen Türen durch ins Zimmer meiner Schwester ging, war die ganze Familie stundenlang nicht zu erreichen. Dann ist der Vater zur Post in die Telefonzelle, und die lag so geschickt neben der Kneipe, dass Mama immer fragen musste: »Hast du jetzt fünf Stunden lang telefoniert?« Sagte der Papa: »Was soll ich machen? War halt immer besetzt.«

Früher hat man, wenn es irgendwie ging, kein Ferngespräch geführt, außer man wurde angerufen. Da hat man noch Angst gehabt, dass ein Ferngespräch per Telefon so teuer wird, dass man danach aus der Wohnung ausziehen muss! Heute skypt man sich zu seinen Kumpels in Australien, die man über Facebook kennengelernt hat, und lässt fünf Stunden lang die Leitung offen. Kostenlos!

Damals war ein Ferngespräch: Von Ulm nach Stuttgart. Das konnte man sich eigentlich gar nicht leisten, und wenn überhaupt, dann nur zum Spättarif nach 20 Uhr.

Ein Auslands- oder gar Interkontinentalgespräch hat man drei Wochen vorher per Antrag mit fünf Durchschlägen beim Telegrafenamt angemeldet. Wurde das Gespräch bewilligt und es konnte stattfinden, dann hast du die Nummer der Auslandsvermittlung angerufen. Telefonistinnen, die auf ihren aparten Köpfchen dicke Kopfhörer trugen, haben dich verbunden, indem sie irgendwelche Kabel umgestöpselt haben. Gab es wenig zu stöpseln, dann haben sie die Gespräche mitgehört. Das waren die ersten Backups – bis heute die lebendigste Form der Datensicherung in der modernen Kommunikation.

Meine Tante Elsa saß oft 30 Minuten vor dem Telefon und hat gewartet, bis zum Spartarif ihre Schwägerin aus Ulm anruft, was diese eine Woche vorher schon per Postkarte angekündigt hat. Und wenn es dann um 20.40 Uhr endlich geklingelt hat, ist Tante Elsa im Gesicht rot angelaufen wie Erdbeermarmelade, hat den Hörer abgehoben und gehaspelt: »Ja-Hedi-wie-geht´s-uns-geht's-alle-guat-der-Hund-isch-g´storbe-dem-Horst-haben-se-zwei-Weißheitszähne-'zoge-deine-Karte-hab´-ich-kriegt-sind-bei-euch-auch-die-Sauer-kirschen-verfrore-ja-dann-muss-man-scho-net-soviel-ernte-aber-ich-hab-24-Gläser-einkocht-also-jetzt-müssen-wir-aufhöre-sonscht-wird's-über-eine-Minu-te-das-wird-sonscht-zu-teuer-gruaß-an-alle-ade.«

Und danach hat sie ganz schnell aufgelegt, damit das Gespräch nicht in den nächsten Tariftakt sprang. Damit Tante Elsa nach der Aufregung überhaupt noch einschlafen konnte, hat's noch mindestens drei Gläschen Eierlikör gebraucht.

Es gab auch Leute, die hatten gar kein Telefon. Dafür stand an jeder Ecke eine gelbe Telefonzelle herum. Sie besaß drei Seitenwände und auf der vierten Seite eine Tür, so dass man sich ungestört gefühlt hat, auch wenn die Warteschlange vor der Zelle jedes Wort mithören konnte. Bezahlt hat man mit echtem Geld, zwanzig Pfennig fürs Ortsgespräch, und bei Ferngesprächen hatte man am besten eine Rolle Münzen dabei, denn man musste ständig nachwerfen. Lange mahnte in jeder Zelle ein festgeschraubtes Emailschild: »Fasse dich kurz!«

Heute hingegen gibt's überhaupt keine Telefonzellen mehr, weil ja jeder fünf Handys hat. Und wenn doch noch irgendwo eine steht, ist sie gar keine Zelle mehr, sondern besteht aus einer grauen Metallsäule mit eingelassenem Telefon, sonst nix. Wenn es regnet, fasst man sich dann von selber kurz. Bezahlt wird mit Karte, man weiß bloß nie, mit welcher und wieviel. Pläne der Telekom sehen vor, bei den öffentlichen Fernsprechern wie bei anderen Anschlüssen eine Flatrate einzuführen. Einmal telefonieren kostet dann 20 Euro, man kann aber sprechen, bis man heiser ist.

Früher gab's nur eine lebende Flatrate in Gestalt von Papa, der die letzte Telefonrechnung gesehen hat und danach entweder ein Schloss fürs Wählscheibentelefon gekauft, einen extra monatlich zu bezahlenden Gebührenzähler bei der damals zuständigen Post beantragt oder gleich die Kabel aus der Wand gerissen hat. Von der Idee einer Flatrate waren die Tarife noch Welten entfernt. Alles war früher billig, was man kurz oder selten gemacht hat, und teuer war, was man lang oder oft gemacht hat. Und sparen war angesagt.

▶ **Früher gab's noch richtige Sparbücher**

Dein erstes eigenes Sparbuch hast du entweder zur Einschulung gekriegt oder zur Erstkommunion. Jedes Jahr am Weltspartag bist du brav auf die Sparkasse gedackelt und hast dein Sparschwein metzgern lasse, das prall gefüllt war – vornehmlich mit Ein-Pfennig-Stücken.

Und weil du übers Jahr so fleißig gespart hast, hast du neben viereinhalb Prozent Zinsen obendrein ein neues Sparschwein gekriegt und ein »Knax«-Heftle.

Heute schließen deine Verwandten einen »Children-Future-Bausparplan« ab, sobald sie nur von deiner Zeugung erfahren! Und die Oma eine »Enkel-Police«. Deine Eltern zahlen Monat für Monat 200 Euro in irgendeinen dubiosen Investment-Hedgefonds, um dein künftiges Studium zu sichern – dreifacher Fächerwechsel und Kleinwagen inklusive. Noch mal 200 Euro bekommst du monatlich als Taschengeld überwiesen, und zur Not hast du ja noch die Partner-Card von Papas Kreditkarte – damit du dich nicht so einschränken musst.

Früher hast du zwei Mark pro Woche Taschengeld bekommen. Die Unsummen, die die heutigen Kids kriegen, passen doch in keine Tasche mehr, das ist ja schon Koffergeld!

Und wenn du früher mal mehr gebraucht hast, bist du heimlich, damit's die Eltern ja nicht merken, zur Sparkasse gegangen und hast gesagt: »Grüß Gott, ich muss eine größere Abhebung machen. Ich will ins Kino – ich brauch zehn Mark!«

Und das hat damals gereicht für Kinokarten, Cola, Eis und die Heimfahrt mit dem Bus. Heut kriegst du für zehn Euro gerade mal eine kleine Portion Nachos – ohne Soße!

Und wenn du dazu den Film sehen willst, womöglich noch zu zweit – dann hilft alles nix: Dann musst du ran – an deinen Hedgefonds.

Die Zeitbombe tickt

Heute bekommst du vom Stromanbieter den billigeren Tarif, wenn du mehr Strom verbrauchst und das Telefonieren wird umso billiger, je öfter du anrufst oder je mehr du dich in ein Fremdnetz einwählst. Alles hat bei allem eine Flatrate – Mobilfunk gegebenenfalls abweichend.

Selbst in elektronikfernen Branchen hat der Marketinggedanke der Flatrate eingeschlagen. So wird in Kneipen Flatrate-Saufen angeboten als Pendant zu All-you-can-eat-Büfetts und in Fellbach, einer Stadt bei Stuttgart, machte ein Bordell mit Flatrate-Angeboten Furore: all you can schnacksel.

Früher wusste jeder in der Familie, wenn der Rainer für die Tochter Susanne angerufen hat, wo der Rainer herkommt, was seine Eltern machen und ob die Susanne überhaupt was von ihm will. Heute erfährst du vom Dustin per SMS, dass die Tochter vor ihm mit dem Kevin und dem Leon zusammen war und vom Lukas-Meinhard schwanger wurde. Aber der Vater von der Anne-Cathrin ist Frauenarzt, der erledigt das Problem bei der nächsten Pyjama-Party gleich mit. Und wenn du dich dann mit der jungen Dame hinsetzt, um ein vorsichtiges Gespräch zu führen über Bienchen und Blümchen und so weiter, dann sagt sie: »Lass gut sein, Papa, ich brauche nicht verhüten – ich habe beim Vater von der Anne-Cathrin eine Flatrate.«

Da setzt du dich als Vater erst einmal nieder und trinkst einen Schnaps und ein ordentliches Bier, bei dem du noch weißt, was du überhaupt trinkst. Was die Jugendlichen heute trinken, hätte man früher der Hexenküche eines Quacksalbers zugeordnet. Vor lauter Mixgetränken merken die nicht mehr, dass sie auch Alkohol zu sich nehmen. Die glauben noch sturzbetrunken, dass Orangenlimonade high macht. Heute besteht jedes Bier mindestens zur Hälfte aus Limonade – und heißt Grapefruit Gold Lemon, Active Energy oder Dragonfruit Fresh. Die Namen sind so kompliziert, die sind nicht mal im nüchternen Zustand richtig auszusprechen.

Früher gab es ein Helles, ein Dunkles und ein Weizen – fertig. Ausnahme war ein Radler. Das war Bier, neben welches man zehn Minuten lang eine halbe Zitrone gelegt hat. Heute ist Radler Zitronenlimonade, die man an einer Brauerei vorbeigetragen hat. Inzwischen gibt es so viele Mischbiere – wenn du die alle benennen wolltest, müsstest du erst einmal ein paar neue Sportarten erfinden, um den Radlern was an die Seite stellen zu können.

Es gibt sogar Leute, die waschen sich mit Bier die Haare. Gut, naja, die Biermischungen schmecken ja auch wie Shampoo.

Aber wenn ich dem Vater früher mit so etwas gekommen wäre! Der hätte mich samt Biermischgesöff zurück zur Tanke geschleift und dem Tankwart seinen Kopf ans nächste Fässle genagelt! Und wenn der dann gesagt hätte: »Sie können übrigens sowieso Ihren Sohn ab sofort nicht mehr zum Bierholen schicken, denn wir dürfen nachts nur noch Alkohol bis zehn verkaufen«, da hätte der Vater gesagt: »Dann schicke ich ab sofort seine kleine Schwester zum Bierholen – die ist erst acht.«

Hätte, wäre – in Wirklichkeit gab's früher viel mehr Tankstellen, und die haben viel weniger verkauft, nämlich Benzin und Motoröl und sonst nichts. Aber das ist eine andere Geschichte.

Die Mix-Misch-Drinking-Generation hält eine Goldparmäne sicher für eine neue, ökologisch gebraute, natürlich fermentierte Bio-Limonade. In Wirklichkeit ist es etwas, was der heutige Mango- und Papayagenießer gar nicht mehr kennt und bald für die exotischste Obstsorte der Welt hält: Goldparmäne – eine deutsche Apfelsorte!

Wenn du früher Hunger auf einen Apfel hattest, bist du grad mal kurz zwei Meter ab vom Weg zum nächsten Baum und hast dir einen gepflückt, fertig. Heute gibt es Äpfel nur noch im Supermarkt in der »Früchte-Oase«. Mit einem Plastiksticker beklebt, zentimeterdick eingewachst und mit Zellophan auf eine Styroporunterlage festgeschnallt wie ein Perverser im Sado-Maso-Studio. Gezüchtet werden die modernen Turbo-Äpfel hinter meterhohem Stacheldrahtzaun mit Verbotsschildern und Selbstschussanlage. Der Apfel fällt nicht weit vom Wachturm. Und wenn man den Supermarkt betritt, langt man nicht zuerst nach einem Apfel, sondern nach Chips.

▶ **Früher gab's noch keine Chips für Einkaufswägen**

Da stand der Einkaufswagen irgendwo vor dem Supermarkt rum, du hast ihn irgendwie genommen, irgendwie benutzt und am Schluss irgendwo stehen lassen.

Heut geht der Einkaufsstress schon los, wenn du nur so einen Einkaufswagen brauchst. Du suchst in allen

Taschen nach einem Chip oder Euro, findest keinen und gehst zurück zum Auto. Dort entdeckst du zwar einen, aber er rutscht dir aus der Hand, als du ihn in die Apparatur reinstecken willst, und rollt unter die ineinander verketteten Supermarktwägen.

Das ist meist der Moment, an dem man umdreht und heute mal nicht daheim kocht, sondern beim Imbiss speist.

Wenn du aber die Nerven behältst und doch einkaufen gehst, musst du den Wagen wieder zur Sammelstelle bringen. Dort klemmt dann der Schieber und du kriegst deinen Euro nicht mehr raus.

Also musst du auf eine gestresste Mutter mit vier Kindern warten, die nicht so genau schauen kann. Mit sehr viel Mitgefühl sagst du: »Kommen Sie, ich helfe

Ihnen, geben Sie mir Ihren Euro und nehmen Sie gleich meinen Wagen, dann haben Sie es leichter!«

Hierzuland geht das dann ewig so weiter, kein Schwabe könnte den unnötigen Verlust eines Euros ertragen.

Als Studenten haben wir früher mit den Dingern den Einkauf in die WG gefahren und den Wagen – weil man ja keinen Schrank hatte – gleich im Wohnzimmer stehen lassen. Das war besser als jeder Schrank – hat nichts gekostet und man konnte von außen sehen, was drin war.

Mein Studienkollege hat sich aus vier Einkaufswägen einen formschönen Wandschrank gebaut. Er hat einfach vier davon nebeneinander im Flur an die Wand gedübelt.

Und früher gab's im Supermarkt einen Angestellten, dessen Job darin bestand, die ganzen Wägen wieder einzusammeln. Gäbe es ihn heute noch, hieße er SVC (sprich: ess-wie-sieh) – Shopping-Vehiggel-Collector. Früher sagte man:»Guck, des ischt mein Onkel Herbert, der ischt Chauffeur im Supermarkt!«

Früher hast du dich in einem Obstgarten von Baum zu Baum zwischen ungespritzten Boskoop, Bittenfelder oder Jakob Fischer entscheiden können. Wenn du heute einen gesunden Apfel essen möchtest, gehst du in den Bio-Feinkostladen und die Verkäuferin, die ein Früchte-Weiterbildungs-Seminar mit Zertifikat abgeschlossen hat, das eingerahmt über den Apfelkisten hängt, erzählt dir so lange etwas von umweltschonenden Jumbojets mit Abgaskatalysator und Ready-to-eat-Avocados und Flugpapayas, dass du ganz »ready« wirst, dir der Appetit auf Obst vergeht und du dir an der nächsten Ecke einen Ready-to-eat-Hamburger »rein-mäc-st«.

»Ready to eat« – das waren früher beim Äpfelklauen die mit Wurm! Damals hat man gesagt: In einem gesunden Apfel ist auch der Wurm gesund!

In ganz, ganz früheren Zeiten hätten die schwäbischen Streuobstwiesen sogar den Sündenfall verhindert und der Mensch hätte das Paradies nie verlassen müssen. Wenn nämlich die Eva dem Adam damals nicht so einen teuflisch turbogroßen, poliert glänzenden Zuchtapfel hingehalten hätte, sondern eine verhutzelte schwäbische Goldparmäne mit fleckiger Schale und wurmförmiger Proteinbeilage – dann hätte der Adam gesagt: »Eva, lass guat sein, ich kann's verhebe!«

Es wird vermutet, dass Adam und Eva aus dem Paradies nicht vertrieben, sondern hinausgemobbt wurden. Die falsche Schlange hat den Erzengeln erzählt, Eva habe sich beim Boss beschwert, dass die Engel nie die Kehrwoche machten, sondern immer nur faul durch die Gegend flögen. Da hat der Erzengel Gabriel Adam und Eva ins Schwabenland vertrieben, das seither als die Wiege der Menschheit und der Kehrwoche gilt. Vielleicht auch des Mobbings.

Wenn früher dein Arbeitskollege seine Schuhe ausgezogen hat und es hat gestunken, als hätte man einen Eimer Buttersäure über den Misthaufen gekippt, hat man gesagt: »He, du Drecksau, wasch' deine Füß', zieh frische Socken an und komm' wieder, du verstunkener Siach!«

Dann ist der Kollege nach Hause gegangen, hat sich gebadet, ist wieder zur Arbeit gekommen und hat eine Runde Bier ausgegeben. Zum Beweis seiner neuen hygienischen Sauberkeit haben alle reihum das Bier aus seinem Schuh getrunken. So ist die Sitte des Stiefel-Trinkens entstanden.

Wenn du heute im Analogfall sagst: »Du, Kollege, ich möchte dich einladen, mal ergebnisoffen zu überprüfen, ob du eventuell ein Fußschweiß-Problem haben könntest«, dann bricht dein Arbeitskamerad psychisch zusammen, ist ein Jahr arbeitsunfähig und du zahlst Schmerzensgeld und eine Gruppentherapie im Sauerland – weil du ihn nachweislich in die schlimmste Lage seines Lebens gemobbt hast.

Früher gab es kein Mobbing, da gab es »eine uf d'Gosch«.

Heute ist es schon Mobbing, wenn du einer Kollegin sagst, sie habe wohl eher die Sonnen- als die Schulbank gedrückt und der Rollkragenpullover stehe ihr gut, weil dabei ihr Kropf weniger stark zur Geltung komme.

Besonders das Schwäbische führt viele Schimpfwörter in seinem Wortschatz, aber als das schlimmste von allen hat sich in letzter Zeit sogar überregional das Wort »Banker« an die Spitze der Liste der Schandbezeichnungen geschoben.

Früher war ein Angestellter in einer Bank, auf englisch-deutsch ein »Banker«, ein braver Mann mit dreitausend Mark Monatsgehalt und je nach Dauer der Betriebszugehörigkeit einem Opel Kadett, Opel Rekord oder einem Mercedes 220 Diesel.

Und wenn früher im Altersheim eine Mitarbeiterin, die schon seit Jahren bei geringer Entlohnung Pflegebedürftige versorgte, ihnen das Essen brachte und sie gefüttert hat, damit bei ihr zu Hause ihre zwei Töchter mindestens den Realabschluss machen konnten, wenn also diese zuverlässige Mitarbeiterin einmal zwei übrig gebliebene alte Maultaschen mit nach Hause nahm, hat der Chef gesagt: »Ach, das isch aber g'schickt, nehmen Sie doch auch noch von den Brötchen mit!«

Heute ist der Banker einer, welcher die Milliarden der Allgemeinheit vernichtet und bei seiner Entlassung Millionenen Euro als Abfindung bekommt. Und wenn heute eine Mitarbeiterin in einem Altersheim alte Maultaschen mitnimmt, dann wird sie gleich fristlos entlassen – aber ohne Abfindung. Damit muss sie sich dann selber ab- und sich auf dem Jobcenter einfinden.

In der Bank zu arbeiten war früher so angesehen und altersversorgt, dass der Job eine wirklich sichere Bank war. Deswegen nannte man Bankangestellte sogar »Bankbeamte«. Wenn du Geld überweisen musstest, dann bist du zur Sparkasse gedackelt und hast dich in die Schlange gestellt. Endlich am »Bankschalter« angelangt, war es dir vor Hunger und Durst so elend, dass dir der »Schalterbeamte« der Bank die Überweisung ausfüllen musste. Den kanntest du von der Schule, weil er dein Nebensitzer Herrmann war. Der hat beim Rechnen immer bei dir abgespickt und beim Schreiben tanzten bei ihm die Buchstaben wild aus der Reihe. So kam er zur Sparkasse, addierte zwei plus zwei mit der Rechenmaschine und füllte Vordrucke aus, bei denen für jeden Buchstaben ein Kästchen vorgesehen war. Deswegen war ja auch die Schlange immer so lang, aber du hast, als du dran warst, immer viel Zeit mit deinem alten Schulkameraden verbracht. Das war auch schön.

Heute gehst du gar nicht mehr zur Sparkasse, sondern an deinen Computer und betreibst Onlinebanking. Kein Bankbeamter, keine Schlange am Schalter und keine blonde Azubi, die dich ein wenig vom grauen Alltag und deiner Kontoüberziehung ablenkt. Damit du in die Online-Bank überhaupt hineinkommst, musst eine Personal Identification Number eingeben, weil dich auch beim x-ten Mal noch niemand erkennt, und zur Überweisung brauchst du eine Transaktionsnummer, die dir der Computer per Short Message Service aufs Handy sendet.

Wenn du früher erfolgreich eine Sparkasse überfallen hast, ist dein eigenes Selbstwertgefühl enorm gestiegen, weil alle Bankangestellten und Bankkunden vor dir gezittert haben. Du bist anerkannt und glücklich wieder nach Hause gekommen, hast mit den Kindern gespielt und deine Frau hat dich beim Abendbrot gefragt, wie denn dein Tag verlaufen ist. Gut, hast du gesagt, ich habe sogar den Herrmann getroffen.

Denn kurz bevor die Sparkasse geschlossen hat, hast du dem Bankbeamten Herrmann eine Spielzeugpistole an die Nase gedrückt und gesagt: »Herrmann, Geld her!«

Der hat freundlich gefragt: »Alles?«

Du hast genickt und er hat es dir gegeben. Solange Herrmann penibel die Kästchen eines Vordrucks für Barauszahlung ausgefüllt hat, bist du mit dem Sack voll Zaster rausgerannt und mit dem Fahrrad nach Hause zu deiner Familie geflüchtet.

Heute sagt dir bei einem Banküberfall die überschminkte Praktikantin an der Infotheke: »Herzlich willkommen in unserer Bank, Herr Bankräuber. Zu Ihrer Information: Der Computer ist leider ausgefallen; wir führen eine elektronische Wartung durch, im Moment bekommen wir den Tresor nicht auf. Aber es sind ja sowieso keine Bargeldbestände mehr da. Wenn Sie in Zukunft bargeldlos Banken ausrauben möchten, gebe ich Ihnen gerne ein Infoblatt über Onlinebanking mit. Sie nehmen bei einer Anmeldung auch an der Verlosung eines iPhones teil.«

Wenn du aber dennoch darauf beharrst, jetzt sofort die Bank ausrauben zu wollen, ruft die Info-Maus den

Bankdirektor an, der überaus freundlich und gutgelaunt persönlich den weiteren Service übernimmt.

»Kommen Sie bitte, Herr Bankräuber«, sagt der Bankdirektor. »Schön, Sie kennenzulernen, früher wusste man gar nicht, mit wem man es zu tun hatte, weil ihre Kollegen immer maskiert waren.« Dann führt er dich in den Tresorraum, öffnet ihn und zeigt dir die gähnende Leere des Banksafes. Da liegt der Bankdirektor dann schon vor Lachen am Boden und schnappt nach Luft. Alles, was im Tresor liegt, sind im Eck seine Winterreifen und Schuldscheine und Verbindlichkeiten in Milliardenhöhe. Die würde der Banker dir liebend gern mitgeben, damit er sie endlich los hat. Aber nur gegen Quittung, damit er einen Beweis dafür hat, dass er sie nicht unerlaubt verbrannt hat.

Als Bankräuber bist du heute in jeder Bank eine Lachnummer. Früher haben sich alle vor Angst hinter die Schreibtische geduckt, heute laufen alle zusammen, um mit ihren Handys Erinnerungsfotos zu machen.

Früher war Bankräuber ein angesehener Beruf mit einer grundsoliden Ausbildung. Vorteilhaft war eine abgeschlossene Lehre mit Gesellenbrief in einem metallverarbeitenden Beruf, mit Fachkompetenz in Autogen- und Elektroschweißen. Manche hatten sogar das Sprengstoffzertifikat. Tunnelbau-Ingenieure waren darunter, Transportunternehmer dienten sich an, die Teamleiter kamen aus der gehobenen Planungsebene mit Fortbildungen in Termin- und Logistikmanagement. Nach einem erfolgreich durchgeführten Bankraub – bei dem über Wochen hinweg geplant, beobachtet, gemeinsam Sport getrieben, ein Tunnel gegraben wurde, der das Team zusammengeschweißt hat und bei dem der Tresor aufgeschweißt wurde – haben alle grundehrlich geteilt, waren bescheiden, haben was in die Altersvorsorge eingezahlt und an das Gartenhaus auf dem Wochenendgrundstück einen Wintergarten angebaut. Da hat man nicht mit dem Geld um sich geworfen! Und selbst wenn einer geschnappt wurde, war es dem Steuerzahler immer noch lieber, einem ehrbaren Ganoven lebenslänglich Unterkunft und Sozialhilfe zu zahlen – als heute der Bank einen Rettungsschirm.

Im Vergleich zwischen einem Ganoven mit Ganovenehre und einem Bankmanager mit Ehrenkodex schneidet der Ganove heutzutage besser ab. Heute gibt's zwar noch Männer und es gibt noch die Ehre, aber bloß noch ganz selten beides zusammen: Echte Ehrenmänner sind selten geworden.

Früher hat der Ehrenmann der Geliebten sofort einen Schirm geschenkt, wenn ein Gewitter losgebrochen ist. Musste sie eine Pfütze überqueren, hat er mit seinem Jackett die Pfütze überdeckt, hat die Verehrte auf den Arm genommen und sie über seine versaute Anzugsjacke getragen. Ohne einen Strauß Rosen ist er erst gar nicht aus dem Haus gegangen. Für alle Fälle. Wenn sie ihr Kommen auch nur angedeutet hat, dann hat er schon rote Teppiche ausgerollt. Wenn eine Dame eine Zigarette hervorgeholt hat, sind ringsum gleich fünf Männer aufgesprungen und haben ihr unaufgefordert Feuer geboten. Hatte sie gar keine Zigarette, haben sie ihr mit einer lässigen Handbewegung welche offeriert oder haben wenigstens ein bisschen ihr Kleid angekokelt.

Heute können die Frauen alles selber. Wenn du heute einer Frau auch nur die Tür aufhältst, bist du gleich ein Macho-Schwein. Sofort stehst du unter dem Verdacht, dass du ihr zeigen willst, dass ihr die körperliche Kraft zum Türöffnen fehlt, dass du ihr beim Vorbeilassen in den Ausschnitt spicken und wenn sie vorbei ist, auf den Hintern kucken willst. Zack! Klage wegen sexueller Belästigung!

Einen Schirm würden Frauen heute entrüstet zurückweisen. Aber Schirme gibt's ja eh keine mehr, nur noch Gore-Tex-Jacken. Kaum ein Mann trägt im Alltag noch Anzug, die Rosen werden heutzutage aus Kenia eingeflogen, die soll man schon aus ökologischen Gründen nicht kaufen, und rauchen – rauchen, was ist das? Ein Feuerzeug braucht man heute doch nur noch in Berlin, wenn man am 1. Mai in Kreuzberg Autos anzündet.

Wenn heute ein Mann, der nicht in Berlin lebt, seiner Frau ein Auto schenken will, dann sagt die Frau zu ihm: »Ach, du, lass mal, Schatzimausi, finanziere mir lieber eine Brust-OP.«

Dann er: »Wieso? Mir gefällt es doch so, wie es ist!«

Darauf sie: »Aber meinem Liebhaber nicht!«

Früher in der Straßenbahn ist der Ehrenmann sofort von seinem Platz aufgesprungen, wenn eine ältere Dame eingestiegen ist. Heute bleiben alle sitzen und die Dame empört sich: »Gibt es denn heutzutage keine Ehrenmänner mehr?«

Schreit es von hinten: »Doch. Aber keinen freien Platz mehr!«

Mit der Zeit gehen

Als Kind oder Jugendlicher hast du früher im vollen Bus oder in der vollen Straßenbahn Erwachsenen deinen Platz angeboten. Das kennen die Kids heute gar nicht mehr. Das Platzanbieten ist aus unserem Kulturkreis verschwunden. Aber solche Höflichkeiten hatten Tradition. Unsere Eltern gaben an uns nur weiter, was sie von ihren Eltern gelernt hatten. Die Großeltern spielten für die Erziehung und für die Weitergabe von Werten eine große Rolle. Sie lebten auch nicht weit entfernt im Altersheim, sondern so lange es ging in der Familie.

Statt Kinderpsychologen gab es früher die Großeltern. Mit ihren eigenen Lebenserfahrungen haben sie ihre Enkel getröstet. Wenn ich Probleme in der Schule hatte, legte mein Opa seine Hand schwer auf meine Schulter und sagte solidarisch: »Bub, ich kenne das, meine schlimmsten drei Schuljahre, das war die vierte Klasse!«

Oder er fasste die Anforderungen seiner schweren Kindheit in den Satz: »Wie alt bist du jetzt? Elf? Bub, in deinem Alter war ich schon vierzehn!«

Deshalb sind die Menschen früher auch in jüngeren Jahren gestorben. Sie wurden dann ja doppelt beklaut: mit der gestohlenen Kindheit und dadurch, dass sie schon mit 25 (wie Hauff), 35 (wie Mozart) oder 45 (wie Schiller) das Zeitliche gesegnet haben. Heute lebt man zwar länger und wird dabei scheinbar immer jünger, verbringt aber seine zusätzliche Lebenszeit entweder vor einem Flachbildschirm, auf einer Beauty-Farm oder im Senioren-Fitness-Studio.

Heute fliegen unsere Opas mit dem Airbus nach Madrid, um bei der Wahl zum Sprecher der Europäischen Grauen Panther zu kandidieren!

Du läufst heute einer Blondine mit wippendem Gang und wackelnden Hüften nach, begeistert von ihrem lockig über die Schulter fallenden Engelshaar. Sie ist modisch figurbetont angezogen, zieht die neueste Duftlinie im Schlepptau hinter sich her – und wie du sie voll verliebt eingeholt hast, dreht sie sich um – und vor Schreck kommst du ins Stammeln: »Hi, Oma! So eine Überraschung! Wo ist denn Opa?«

Heute machen die Omas beim Seniorinnen-Wet-T-Shirt-Contest mit. Die üppigste Oma teilt sich den Gewinn mit ihrem jugendlichen Schönheitschirurgen, der während der extra langen Nachbehandlung zu ihrem Lover wurde. Denn eine alte Weisheit sagt: Der Erfolg hat viele Väter.

Die Lebenserwartung in den Industrienationen steigt demnächst auf ein Alter von über hundert Jahren. Dann wird die »Generation Golf« definitiv abgelöst von der »Generation Gehhilfe«.

Früher war alles noch echt: Figur, Busen und Haarfarbe. Der Mensch war schlank und blond, schwarz oder braun. Bis er vierzig Jahre alt war, danach waren alle dick und grau. Das war ein Naturgesetz. Der moderne Mensch wechselt heute Aussehen, Haar- und Hautfarbe so schnell, dass jedes Chamäleon vor Scham seine Augen in alle Richtungen verdreht und vor Neid die blass-beige Farbe annimmt, die den Seniorenaus-flug des Landfrauenvereins charakterisiert.

Die Frau mit schwarzem Kraushaar gibt ein Vermögen aus, um so glatte, blonde Haare zu kriegen, wie sie die Nachbarin hatte, die gerade ein Vermögen ausgegeben hat, um so schwarze Kraushaare zu bekommen, wie ihre Nachbarin sie trägt. Und es geht ausschließlich darum, der anderen den Mann auszuspannen. Aber auch der zählt nicht, sondern nur das: Die andere soll sich Sorgen machen, Falten kriegen und endlich älter aussehen!

Das soll mir bitte mal einer erklären: Jeder von uns wird jeden Tag um genau einen Tag älter, es gibt also überhaupt keinen Grund, jemanden zu beneiden, bloß weil der zehn Jahre jünger ist. In zehn Jahren ist der genauso alt wie du jetzt, fühlt sich aber immer noch zehn Jahre jünger. Und dann? Trotzdem freuen wir uns jedesmal riesig, wenn wir jemanden treffen, der mit uns im Kindergarten war – aber heute brutal alt aussieht! Und wir tun alles dafür, dass das keiner bei unserem Anblick denken kann.

Karottenorange, Minzegrün und Fliederlila – was früher typisch für Blumen und Gemüse war, ist heute auf dem Kopf zu finden. Wen wundert es da, dass Bienenvölker aussterben, weil sie auf ihrem Pollenflug die Orientierung verlieren?

Welche Haarfarbe eine Frau wirklich hat, ist heutzutage nur noch an den Achselhaaren zu erkennen – wenn sie ausnahmsweise mal nicht ratzekahl abrasiert sind.

Früher trug man noch Freizeithemden und Sonntagshemden. Als ob man sonntags keine freie Zeit gehabt hätte. An einem Freizeithemd durfte der Hund noch hochspringen, am Sonntagshemd auf keinen Fall. Heute gibt es den Unterschied kaum noch, im Sommer wird jeden Tag sowieso nur ein Shirt getragen – ob ein T- oder Poloshirt, ist egal. Hauptsache kein Hemd mehr.

Wenn du dann heute trotzdem mal auf die Idee kommst, ein echtes Hemd zu kaufen, wiegt das Ding zwei Kilo. Ein Kilo davon sind die eingenähten Zettel: Wo es hergestellt wurde – also ob in China oder in China –, wieviel Anteil Baumwolle drin ist, wie und wo und womit es gefärbt wurde, dann sieben Ökosiegel, die du nicht kennst, dass es ohne Kinderarbeit genäht wurde und dass man es um Gottes Willen nicht waschen darf. Bloß reinigen oder nach Gebrauch wegwerfen, aber nur in den Gelben Sack.

Früher war ein Hemd ein Hemd, da war außen Stoff und innen Nichts. Das hat der Opa zwanzig Jahre getragen und in der Zeit hat es die Oma 20 000-mal gewaschen. Heute wird ein Hemd einmal angezogen – und danach ist es aus der Mode und kommt zur Caritas. Ist auch viel besser so, denn nach einmal reinigen kratzen die dämlichen Innen-Zettel extra furchtbar auf der Haut. Rausschneiden bringt nichts, weil es dir dann an der Nahtstelle die Haut wundreibt. Wenn du die Zettel so wegschneidest, dass sie dich beim Tragen nicht mehr stören, ist das Hemd heillos zerschnitten.

Früher hat Opas Hemd irgendwann der Vater geerbt. Der hat es getragen von der Konfirmation über die Hochzeit bis zur Pensionierung. Danach hat es der Sohn bekommen. Und wenn es ihm zu klein war, weil er ab vierzig einen Bauch hatte, hat es der Enkel bekommen – als Mal-Kittel. Solange, bis der Opa – Gott hab' ihn selig – gestorben ist. Dann hat der Opa sein Hemd zurückgekriegt – um das teure Bestattungshemd zu sparen. Er lag dann ganz bunt angezogen im Sarg, ja geradezu malerisch.

Und bei seinem friedlichen, farbenfrohen Anblick wurde jeder nachdenklich und hat sich überlegt, welche Fragen für ihn offen bleiben werden, wenn er im Malkittel des Enkels im recyclingfähigen, verrottungsfreundlichen Tüll eines Bio-Sarges liegt. Bei solchen Überlegungen hilft inzwischen nicht mehr der Pfarrer mit seinen sinnstiftenden Religionsweisheiten, sondern das Internet, genauer: eine Suchmaschine.

Früher konnte man noch ganz gemütlich und ohne jeden Stylingdruck vor sich hin altern. Und wenn man dann als Greis nach einem erfüllten Leben starb, konnte man noch biologisch auf dem Friedhof kompostiert oder im Krematorium klimaneutral verbrannt werden. Heute ist nicht mehr das Leben erfüllt, sondern der Body. Und zwar mit soviel Botox und Silikon, dass selbst Maden eine Lebensmittelvergiftung kriegen! Ich warte als Baden-Württemberger auf den Tag, dass die ersten Umweltschützer in unserer derzeit grün-roten Regierung fordern, man müsse den Gottesacker umbenennen in »PPE« – Pietätische Problemstoff-Endlagerstätte.

Und man fragt sich: Der Opa hat geraucht und ist 98 geworden – wann wäre er wohl verblichen, wenn er nicht geraucht hätte?

▶ **Früher gab's noch viele Raucher**

Früher hat der Opa gesagt: »Kerle, du bischt jetzt 14 und konfirmiert, du rauchscht jetzt!«

Wenn Gäste eingeladen waren, hat der Opa nach dem Essen gesagt: »So, solange die Frauen abspülen, geh'n wir Männer ins Kaminzimmer und rauchen ein paar Zigarren!«

Und alles hat gedacht, die Männer reden über Politik und die Frauen über Kochrezepte, aber in Wahrheit haben die Frauen über Politik gesprochen und die Männer über Frauen, die von Politik ü-ber-haupt keine Ahnung haben.

Bevor mein Vater auf die Post, in die Bank oder auf ein Amt ging, hat er sich erstmal eine angesteckt, damit er sich vor dem Schalter überhaupt konzentrieren konnte. Das ging auch anderen so, deshalb quollen die Aschenbecher in der Post, in der Bank und in allen Ämtern meist über. Ab und zu wurden sie von Personen ohne festen Wohnsitz, die man damals noch Penner nannte, durchkämmt, die sich aus fünf alten Kippen eine neue drehten.

Heute rauchen die Raucher eingeklemmt in Raucherglaskäfige – wie Nikotinäffle im Tierpark!

Manche Bürowolkenkratzer sind schon komplett rauchfrei. Alle Raucher fahren zweimal in der Stunde vom vierzigsten Stock ins Erdgeschoss, um vor dem Haus eine zu paffen. In Amerika gibt's an solchen Häusern Schilder: »Rauchen im Umkreis von hundert Metern verboten!«

Wenn du heute am Flughafen beim Einchecken nach Rauch riechst, kann der Flugkapitän dir den Mitflug verweigern. Alle Qualmer fahren mit dem Auto, denn auch die Bahn hat die Raucherabteile abgeschafft. Allerdings gibt's in neueren Pkws keinen Aschenbecher mehr. Alternativ benützen Raucher die an derselben Stelle angebrachte Glasfläche, um ihre Zigaretten auszudrücken. Auf Dauer leidet darunter allerdings die bewegliche Kartendarstellung unter der Glasfläche.

Wenn du früher *nicht* nach Rauch gerochen hast,
warst du eine Memme ... oder gerade eben verstorben.
Heute kriegt man vor Gericht bei Totschlag mildere
Umstände, wenn man beweisen kann, dass das Opfer ei-
nen zum Passivrauchen zwingen wollte.
Und heute sagt der Arzt zu dir:»Rauchen Sie?«
Du antwortest:»Nein, warum?«
Sagt der Arzt:»Ganz schlecht, sie müssten nämlich
dringend damit aufhören!«

Die großen, noch offenen Fragen der Menschheit sind
heute im Internet zu finden – wohlgemerkt die Fragen,
nicht die Antworten. Und dies sind einige der ungelös-
ten Fragen des Universums, die dich vielleicht am Ende
deines Lebensweges noch beschäftigen werden:

- Wenn das Universum alles umfasst und sich aus-
  dehnt, wohin dehnt es sich dann?
- Bekommt man Geld zurück, wenn das Taxi rück-
  wärts fährt?
- Warum glauben einem die Leute sofort, wenn man
  ihnen sagt, dass es am Himmel 400 Billionen Sterne
  gibt – aber wenn man ihnen sagt, dass die Bank frisch
  gestrichen ist, dann müssen sie draufpatschen?
- Warum besteht Zitronenlimonade zu hundert Prozent aus Chemie, aber in Geschirrspülmittel ist
  echter Zitronensaft drin?
- Leben Verheiratete länger oder kommt ihnen das
  nur so vor?
- Gibt es ein anderes Wort für Synonym?
- Wenn ein Schizophrener mit Selbstmord droht, ist
  das dann eine Geiselnahme?

- Wie würden Stühle aussehen, wenn wir die Kniescheiben hinten hätten?
- Warum benutzt man in den USA für tödliche Injektionen sterilisierte Spritzen?
- Gibt es in einer Teefabrik Kaffeepausen?
- Gibt es auf dem Mars auch Snickers?
- Wenn nichts an Teflon kleben bleibt – wie zum Teufel wurde das Teflon an der Pfanne festgemacht?
- Warum gibt es im Flugzeug Schwimmwesten und keine Fallschirme?
- Wie kommt im Winter ein Schneepflugfahrer morgens zur Arbeit?
- Warum braucht eine Zulassungsstelle Öffnungszeiten?
- Gibt es ein Leben nach dem Tode? Wenn ja, wie kann ich dafür sorgen, dass es mein Nachbar nicht kriegt?

Heute lassen sich Leute für viel Geld gleich nach dem Ableben einfrieren und hoffen, dass sie schockgefroren nicht nur wie Kaffee ihr Aroma behalten, sondern es auch in ferner Zukunft mal möglich sein könnte, sie wieder aufzutauen und wiederzubeleben. Man möchte ja nichts unversucht lassen. Doch haben sie sich die Frage gestellt, wie sie wieder aufgetaut werden, wenn der Klimawandel eine neue Eiszeit mit sich bringt?

Andere, die mit dem Internet aufgewachsen sind, haben die Gewissheit, im Web weiterzuleben. Denn das Netz vergisst nichts. Sie treibt vielmehr die Frage um, wer in ihrem Blog über ihre eigene Beerdigung berichtet und ob zwei Meter unter der Erde noch DSL-Empfang möglich ist. Und: Ist dort das Rauchen erlaubt?

Ich habe mir kürzlich am Kiosk eine Zeitung gekauft, neben mir kauft einer eine Schachtel Zigaretten und ich sehe, wie er liest: »Rauchen kann Impotenz verursachen.« Daraufhin er zum Kioskler: »Nein, die will ich auf gar keinen Fall, geben Sie mir eine, die blind macht!«

Früher gab es keine Warnhinweise. Inzwischen sind sie überall! Ich hab mir einen Rasierer gekauft. Auf dem Stromkabel ist ein Warnpiktogramm eingeprägt: Du sollst dieses Stromkabel nicht mit der Schere durchschneiden, solange es in der Steckdose steckt.

Wie besoffen muss man sein?

Das Schlimme an diesem Warnhinweis ist doch, dass inzwischen jeder zweite Amerikaner denkt, wenn das Kabel ausgesteckt ist, muss er's durchschneiden!

Wenn das so weitergeht, kaufst du dir einen Staubsauger und denkst: Was steht denn da drauf? und liest: »Vorsicht! Unbekleidetes Staubsaugen kann im Stolperfall zu unerwünschter Penisverlängerung führen!«

Einzig erfreulich wäre, dass das auf deutsch verfasst ist. Wir werden nämlich immer mehr mit Anglizismen konfrontiert. Obwohl wir diese meist falsch verstehen.

Ein schönes Beispiel: Die Parfümkette Douglas hatte den Slogan »Come in and find out.« Bei einer Umfrage ergab sich, dass 67 Prozent der Befragten dachten, es bedeutet: »Komm rein und find' wieder raus.« Oder: Der Fernsehhersteller Loewe hatte den Slogan »Stimulate your senses.« Dabei dachte eine überwältigende Mehrheit der Befragten, es hieße auf deutsch: »Stimulier' deine Sense.«

Als wir noch Kinder waren und keine Kids, sind meine Geschwister und ich jeden Morgen allein Hand in Hand in den Kindergarten gegangen. Das kann man sich heute gar nicht mehr vorstellen: freilaufende Kinder! Moderne Kinder werden gefahren!

Und nach dem Kindergarten geht es sofort weiter zum Montessori-Erlebniskneten. Und auf dem Rückweg beim Sporttherapeuten vorbei, weil die Kleinen inzwischen verfettet sind.

Wir hatten doch früher gar keine Zeit zum Dickwerden, oder? Wir rannten den ganzen Tag auf der Straße rum und nie hat ein Schwein nach uns geschaut. Erst als es dunkel wurde, hat man sich daheim an uns erinnert und aus dem Fenster gepfiffen. Es gab Sommerabende, an denen bist du dreimal heim gerannt, hast begriffen, das war ein Pfiff aus dem Nachbarhaus, und hast weitergespielt. Bei meinem Kumpel hat es mal gar nicht gepfiffen, hat er halt die Nacht durch gespielt. Wahrscheinlich spielt er heute noch!

Ich war etwa sieben. Ich spiele auf der Straße, mein Kamerad wird von seinem Vater verhauen. Ich schaue mir das an, der Vater schaut mich an und sagt: »Du kommscht au noch dran!«

Völlig ohne Grund, bloß weil er gerade dabei war, hat er mich auf Vorrat mit vermöbelt.

Ich komm' mit so einer dicken Backe heim. Heute würden die Väter die Polizei hinschicken. Mein Vater schaut kurz her, zuckt mit den Schultern und sagt: »Ja, Gott, wirsch halt frech g'wese sei!«

Ich halte dagegen: »Ich war gar net frech.«

Erwidert er: »Du sollscht nicht immer widersprechen!«

Zack, die Ohrfeige saß.

In der zweiten Klasse bin ich mal von einem Auto angefahren worden. Ja, da bist du damals nicht zum Arzt, da bist du eben ein Jahr lang ein bisschen komisch gegangen.

Ich lieg' auf der Straße, der Autofahrer steigt aus, mein Vater kommt dazu. Der Autofahrer fragt: »Was machen wir jetzt?«

Antwortet mein Vater: »Sie sehen doch, er lebt noch! Fahren Sie weiter.«

Und heute sind Kinder im Auto 24 mal angeschnallt.

Mein Vater hatte einen VW Käfer, hinter der Rückbank eine Kofferkuhle, da sind wir zu dritt drin gestanden – aber bis Bibione! Und auf den Rücksitzen lagen die Koffer. 34 PS, glühender Boxermotor, der Vater ist durchgefahren! Und da musste keiner von uns jemals aufs Klo! Hast ja deswegen zwei Tage vorher nichts mehr zum Trinken gekriegt! Und die Restflüssigkeit auf dem heißen Motor ausgeschwitzt.

Auf der Fahrt ans Meer hat der Vater noch bei geschlossenen Fenster zwei Schachteln Ernte 23 geraucht!

In diesen herrlichen Zeiten gab es noch keine supermodernen Eltern, die gesagt hätten: »Bubele, Hauptsache, es macht dir Spaß, du darfscht alles machen, was du willscht, selbst wenn es deine Sense stimuliert.«

Bei uns kam abends um halb acht die Mutter ins Zimmer und sagte: »Buben, jetzt ischt Schluss – Händ' auf die Decke!«

So, jetzt wär des au g'schwätzt.

Christoph Sonntag zum Hören

AZNZ

Alte Zeiten – Neue Zeiten

Wie im gleichnamigen Buch dreht sich im Live-Programm »AZNZ« alles um früher und heute. Neben vielen beliebten »AZNZ«-Folgen aus dem Radio bringt Christoph Sonntag wieder sauwitziges, politisch-freches Kabarett.

CD. ISBN 978-3-8425-1906-0

So senn mir (Schwabionalhymne)

Ein Kabarettist
spielt mit sich selber

Ganz nach dem Motto »Des senn Schwabe, so senn mir« kreierte Christoph Sonntag für seine erfolgreiche Show »AZNZ« eine eigene Hymne und nimmt dabei typisch schwäbische Klischees auf die Schippe.

CD. ISBN 978-3-8425-1904-6

Drin was drauf steht

Die Doppel-CD zum achten Soloprogramm von Christoph Sonntag direkt nach Hause! Und er trifft darin wieder einmal voll und ganz den Nerv der Zeit. 100 % Unterhaltung, einfach bestes Kabarett!

Audio-Doppel-CD im Digipack.
ISBN 978-3-87407-980-8

Silberburg·Verlag

www.silberburg.de

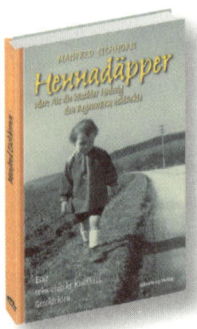